映画を早送りで観る人たち

ファスト映画・ネタバレ——コンテンツ消費の現在形

稲田豊史

光文社新書

映画を早送りで観る人たち／目次

第3章　失敗したくない人たち
――個性の呪縛と「タイパ」至上主義

目次・章扉・図版作成　椚田祥仁

序章

大いなる違和感

Netflixに実装された1・5倍速

気がつくと、Netflix（ネットフリックス）をパソコンで観る際に1・5倍速で観られるようになっていた。セリフは早口になるが、ちゃんと聞き取れる。字幕も出る。

かつてNetflixにこの機能はなかった。

調べると、米Netflix社は2019年8月に、Androidのスマホやタブレットで視聴する際に再生速度を選択できる機能を搭載。その後iOS端末やウェブにも導入が進み、順次各国が対応していった。2022年2月現在の日本では、再生速度を0・5倍、0・75倍、1倍（標準）、1・25倍、1・5倍で選べる。

再生画面には他に「10秒送り」「10秒戻し」ボタンもある。クリックもしくはタップすれば、一瞬で10秒後・10秒前に飛ぶ（スキップする）。TVモニタでの視聴時に倍速視聴はできないが、対応するリモコンのキー操作で10秒送り、10秒戻しが可能。なお、Netflixと双璧《そうへき》をなす動画配信サービス、Amazonプライム・ビデオにも、10秒送り・10秒戻し機能がある。

視聴デバイスやOSによって多少異なるが、倍速視聴機能や10秒スキップ機能が標準搭載されている動画配信サービスは数多い。YouTubeの場合、再生速度の幅を0・25倍から2倍まで0・25刻みで細かく設定でき、10秒（5秒）送り・10秒（5秒）戻しも可能。スマホならタップ動作で、PCならショートカットキーを駆使すれば自在に操作できる。

聞き取れなかったセリフをもう一度聞くために10秒戻しをするのは、わかる。しかし初見の映像作品を10秒飛ばしで観るとは、あるいは倍速視聴するとは、一体どういうことなのか。

映画やドラマを早送りする人たち

「AERA」2021年1月18日号には、ある種の人々にとって我慢ならない記事が載っていた。タイトルは「『鬼滅』ブームの裏で進む倍速・ながら見・短尺化　長編ヒットの条件とは」。そこには、映画を通常の速度では観られなくなったという男性（37歳）の、「倍速にして、会話がないシーンや風景描写は飛ばしています。自分にとって映画はその瞬間の娯楽にすぎないんです」という声が紹介されていた。

同記事中、別の女性（48歳）は、Netflixの韓国ドラマ『愛の不時着』を「主人公に関する展開以外は興味がないので、それ以外のシーンは早送りしながら」観たそうだ。

この記事に怒り、嘆き、反発した人は多かった。

正直、筆者も胸がざわついた。というより、居心地が悪かった。なぜなら、かつて自分にも倍速視聴にどっぷり浸かった時期があったからだ。

出版社でDVD業界誌の編集部にいた頃、毎月決まった時期に編集部総出で大量のVHSサンプルを視聴する必要があった。ある期間内に発売されるDVD作品の中で、どれがどのくらい売れそうなのかを予測して、誌面での掲載順を決めるためだ。

サンプルが手に入るタイミングは、多くが掲載順検討会議の数日前。会社から終電で帰宅して、翌朝までに2時間の映画を3本観なければいけない日はざらだった。そこで効果覿面《てきめん》だったのが、倍速視聴である。

記事中の男性が言っていたように、会話がないシーンや風景描写は飛ばして観る。会話シーンも倍速で観ていたが、視聴サンプルは海外作品が多かったので、音が消えても字幕でセリフは追えた。派手なアクションシーンや濡れ場など、売上に直結しそうなシーンだけは通常再生に戻して確認していた。

その仕事は8年以上続いた。

ある時、かつて倍速視聴した作品をＤＶＤレンタルして観直し、愕然《がくぜん》とした。作品の印象がまったく違うのだ。初見の倍速視聴では作品の滋味を――あくまで体感だが――半分も味わえていなかった。

ストーリーは倍速視聴時に把握していた通りだった。見せ場も記憶にある。だが、登場人物の細かい心情やその変化、会話からにじみ出る人柄や関係性、美術や小道具、ロケ地の美しさ、演出のリズムや匂い立つ雰囲気、それらを十全に味わえていたとは言いがたい。仕事で致し方なかったとはいえ、もはや懺悔《ざんげ》に値する行為である。

そんな経験があったからこそ、「ＡＥＲＡ」の記事には余計に胸がざわついた。

「それでは、作品を味わったことにならないぞ……」

無論、そのつぶやきは過去の自分にも向けられていた。

倍速視聴経験者は若者に多い？

10秒間の沈黙シーンには、10秒間の沈黙という演出意図がある。そこで生じる気まずさ、緊張感、俳優の考えあぐねた表情。それら全部が、作り手の意図するものだ。そこには9秒でも11秒でもなく、10秒でなければならない必然性がある（と信じたい）。

それを「飛ばす」「倍速で観る」だなんて。

石川さゆりの『天城越え』やあいみょんの『マリーゴールド』を倍速で聴いたり、サビ以外を飛ばして聴いたりするくらいの逸脱行為に思える。そんな聴き方で叙情や作品の魅力を堪能できるのだろうか。懺悔の念を込めて、あえて感情的に言うなら、それはアーティストへの冒涜《ぼうとく》ではないのか。

しかし、本編すべてを1・5倍速で視聴したり、会話がなかったり動きが少なかったりするシーンを躊躇《ちゅうちょ》なく10秒ずつ飛ばして視聴する人は、それほど珍しい存在ではない。ただ、かつての筆者のように「仕事で致し方なく」だけが理由ではなさそうだ。

マーケティング・リサーチ会社のクロス・マーケティングによる2021年3月の調査によれば、20～69歳の男女で倍速視聴の経験がある人は34・4%、内訳は20代男性が最も多く54・5%、20代女性は43・6%。次いで30代男性が35・5%、30代女性が32・7%だ[*1]（**図1**）。男女を合算すれば、20代全体の49・1%が倍速視聴経験者だという。

これを多いと見るか、それほどでもないと考えるか。少なくとも「仕事で致し方なく」だけでこれだけの比率にはならないだろう。調査対象に映像業界従事者がそれほどまで多いと

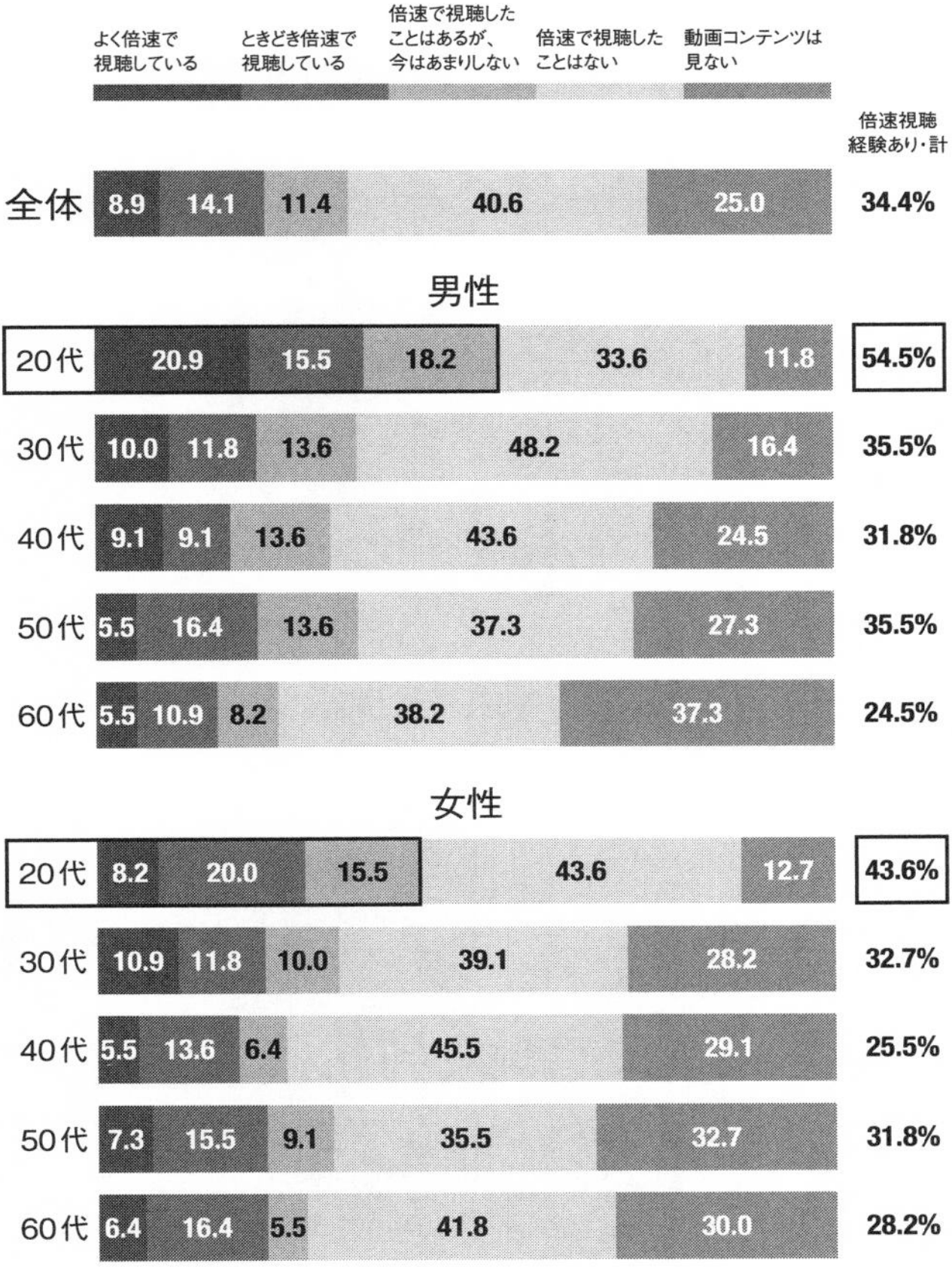

図1　動画コンテンツの倍速視聴経験

※クロス・マーケティング「動画の倍速視聴に関する調査」（2021年）をもとに作成
調査人数は各世帯110名、合計1,100名

あなたは普段、映像作品を
倍速視聴（早送り視聴）しますか？

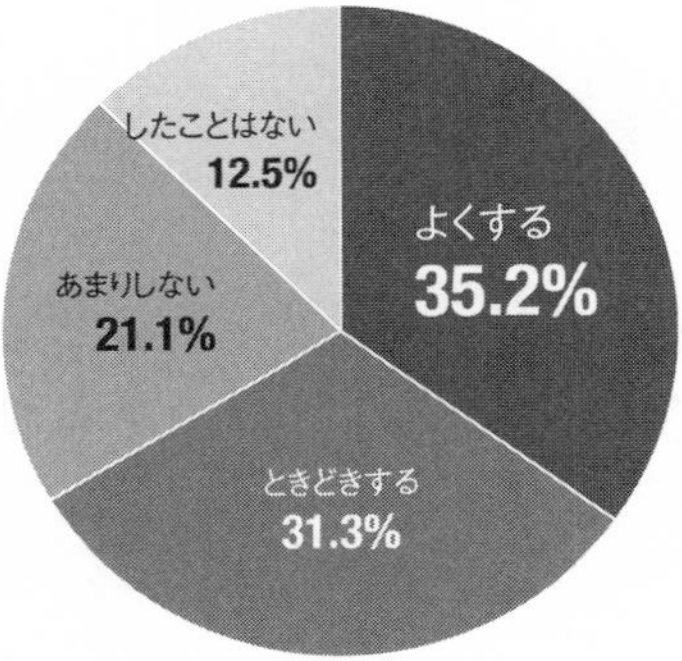

あなたは普段、映像作品を
10秒飛ばし（何秒かのスキップを）しながら観ますか？

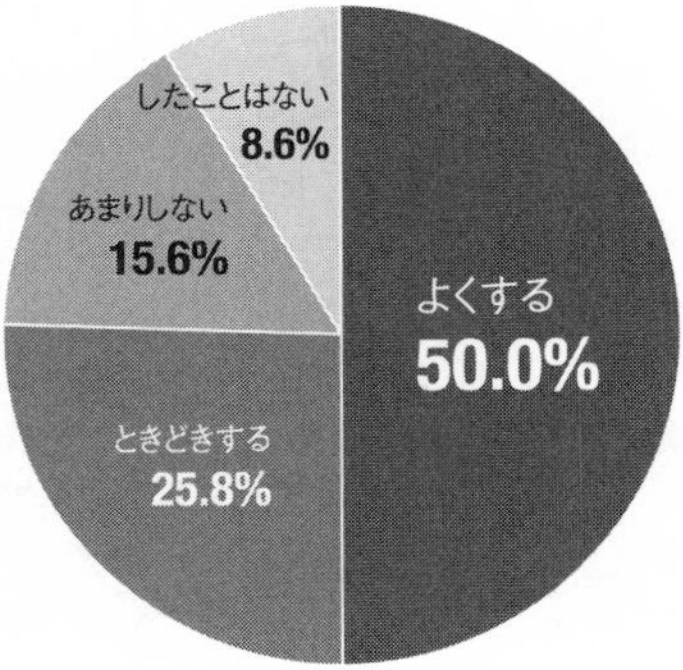

図2　青山学院大学2～4年生を対象としたアンケート

※筆者による調査（2021年12月）、調査人数は128名
小数点以下第2位を四捨五入しているため、合計は必ずしも100%とならない

は思えない。

では、仕事が絡まない学生ならどうか。２０２１年12月、筆者は青山学院大学の２〜４年生を対象に授業を行い、受講者のうち１２８名を対象としたアンケートを行った。[*2] 結果は、倍速視聴を「よくする」「ときどきする」が66・5％。「あまりしない」も足せば87・6％にも及んだ（**図2**）。先の「20代全体の49・1％が倍速視聴経験者」に比べてずっと高い。

調査サンプルや質問選択肢の微妙な違いを念頭に置く必要はあるものの、倍速視聴経験者が「20代全体の49・11％」「大学2〜4年生（概《おおむ》ね19〜22歳）の87・6％」であることから、年齢が若いほど倍速視聴経験率が高いとは言えそうだ。なお同大学のアンケートでは、10秒飛ばし（もしく何秒かのスキップ）を「よくする」「ときどきする」学生はさらに多く75・8％、「あまりしない」も足せば91・4％にも達した。

とにかく、20代の倍速視聴経験率は高い。参考までに、マクロミルによる２０１９年８月の調査によれば、13歳から29歳までの若年層による動画配信アプリの利用率トップ3は、民放キー局のTV番組が見逃し視聴できるＴＶｅｒ（ティーバー）、インターネットＴＶサービスのＡＢＥＭＡ（アベマ）、Ａｍａｚｏｎプライム・ビデオだが、[*3] これらはスマホで視聴する場合、すべてのサービスにおいて10秒スキップが可能。ＴＶｅｒとＡＢＥＭＡには倍速視聴機能が実装されている。[*4]

また、クロス・マーケティングの調査によれば、倍速で見たいと思う動画コンテンツは、1位がドラマ（35・7％）、2位がニュース・報道（28・3％）、3位がバラエティ（25・9％）、4位が映画（23・8％）、5位がYouTuberの企画動画（23・0％）と続く。[*5]

青山学院大学の場合、倍速視聴する映像のジャンルは、1位が大学の講義（57・8％）、2位がYouTuberの企画動画（50・8％）、3位が連続ドラマ（23・4％）、4位がアニメ（映画とアニメシリーズを合算、22・7％）、5位が報道・ドキュメンタリー（19・5％）、6位が映画（17・2％）と続く。[*6]

ニュースや報道を「情報」だと割り切るなら、それらを倍速視聴することについて気分的には許容の範囲内だが、ここには「ドラマ」「映画」「アニメ」も入っている。

なぜ、こんなことになっているのか。そこには、大きく3つの背景がある。

映像作品の供給過多

ひとつめの背景は、作品が多すぎること。

現在の人類は、今までの歴史のなかで、もっとも多くの映像作品を、もっとも安価に視聴できる時代に生きている。

昔、と言ってもほんの十数年前まで、映像作品を鑑賞する際には、もう少しお金がかかっていた。連続ドラマをDVD（もしくはVHS）レンタルするにしても、DVD1枚に2話程度しか収録されていない。それで1泊2日、300円前後。今ほど充実した商用の動画配信サービスもない。それゆえ、浴びるように映像作品を観ていたのは、そこに相応のカネをかけてもいいと覚悟した、コアな映画マニアやドラマ好き、そしてアニメファンだけだった。

ところが2022年2月現在、NetflixやAmazonプライム・ビデオをはじめとした定額制動画配信サービスの料金は、月々数百円から千数百円という安価で「見放題」だ。たったそれだけの出費で月に何十本、その気になれば何百本もの映画、連続ドラマ、アニメシリーズなどが観られる。

NetflixとAmazonプライム・ビデオは月額料金で見放題になる作品数を公表していないが、どんなに少なく見積もっても「常時数千本以上」であることは間違いない。なお国内資本のサービスで作品数の多さをセールスポイントにしているU-NEXTは「22万本以上」、日本テレビ傘下《さんか》にあるHulu（フールー）は「10万本以上」と自ら謳《うた》っている（いずれも2022年2月現在）。

ここに、従来からあるTVの地上波、BS、CSといった放送メディア、YouTubeをはじめとした無料の動画配信メディアで観られる作品なども加えれば、映像作品の供給数はあまりにも多い。明らかに供給過多だ。

その中から、同時多発的にいくつかの作品が話題になる。しかもそれらは、ドラマ1シリーズ全16話（『梨泰院《イテウォン》クラス』）だの、TVアニメ2クール全26話（『鬼滅の刃』）だの、2時間の映画二十数本でひとつの世界観をなしている（『アベンジャーズ』ほかマーベルの映画シリーズ／2022年2月現在）だのと、視聴するには時間がいくらあっても足りない。

しかも、作品はこの先も増え続ける。

2021年4月に発表されたNetflixの2021年度第1四半期収支報告書によると、同社の年間コンテンツ製作費用は170億ドル以上である。1ドル115円換算で2兆円近い。これは、2019年度の139億ドル、新型コロナウイルスの感染拡大で製作に陰りが見えた2020年度の118億ドルよりも、ずっと多い。[*7]

2兆円と言ってもピンと来ないかもしれないが、日本における年間映画興行収入（入場料合計）の過去最高値が約2600億円（2019年）なので、その約8倍の金額。[*8]しかも、たった1社の数字だ。

このように、現代人は膨大な映像作品をチェックする時間にとにかく追われている。それでなくても現代では、あらゆるメディアやサービスがユーザーの可処分時間を奪い合っており、熾烈《しれつ》さは激しくなる一方だ。しかも映像メディアの競合は映像メディアだけにあらず。ＴｗｉｔｔｅｒやインスタグラムやＬＩＮＥといったＳＮＳも立派な競合相手である。話題にはついていきたい。ただ、観るべき作品も定期的に開くべきＳＮＳも多すぎて、とにかく時間がない。

それを、倍速視聴という「時短」が解決する。

主に10〜20代前半の若者の間で、倍速視聴は以前から当たり前だった。地上波ドラマを「忙しいし、友達の間の話題についていきたいだけなので、録画して倍速で観る」「内容さえわかればいいからざっと観て、細かいところはまとめサイトやＷｉｋｉｐｅｄｉａで補足する」。そんな感じだ。

メディアプラットフォーム「ｎｏｔｅ」で若者のトレンドや消費動向をリポートする「ワカモノのトリセツ」には、２０１９年10月のエントリーに早くも「『短縮したり倍速にしたり、「飛ばすように動画を観る』っていう行動は最低限の若者の行動常識、マストだよね！」

という記述が登場する。[*9]

この「ワカモノのトリセツ」は、ゆめめ氏、ほっち氏という、それぞれ1995年、1996年生まれのふたりの女性によって運営されているが、ゆめめ氏の本業はZ世代の若者をリサーチするマーケターであり、彼女自身も倍速視聴・10秒飛ばし派だ。同氏の視聴実態や若者分析は次章以降でじっくり聞くことにしよう。

「コスパ」を求める若者たち

2つめの背景は、コスパ（コストパフォーマンス）を求める人が増えたこと。倍速視聴・10秒飛ばしする人が追求しているのは、時間コスパだ。これは昨今、若者たちの間で「タイパ」あるいは「タムパ」と呼ばれている。「タイムパフォーマンス」の略である。

参考までに、Google Trendsで「コスパ」という単語の日本国内における検索人気度を調べると、2010年から2013年頃までは10〜20あたりを推移していたところ、その後右肩上がりとなり、2019年以降はほぼ90を下ることがなくなった。[*10]

フォロワー数十万人を誇る、あるビジネス系インフルエンサーが、Ｔｗｉｔｔｅｒで映画の倍速視聴を公言したときも、そこについたリプには「コスパが良くなっていい」といった好意的な意見が多かった。

彼らは映画やドラマの視聴を、速読のようなものと捉えている。速読と同じく、訓練によって映像作品を速く、効率的に体験できると考えている。

しかし、ビジネス書ならともかく、なぜ映像作品にまでコスパを求めるのか。なぜそこまでして効率を求めるのか。「話題作についていきたい」だけでは、動機としてはやや不足に思える。

若年層リサーチや大学の講義、就活イベントなどで現役大学生と触れ合う機会が多いという、博報堂ＤＹメディアパートナーズ　メディア環境研究所・森永真弓氏の言葉にそのヒントがあった。

森永氏によれば、大学生の彼らは趣味や娯楽について、てっとり早く、短時間で、「何かをモノにしたい」「何かのエキスパートになりたい」と思っている。彼らはオタクに〝憧れている〟のだそうだ。

ところが、彼らは回り道を嫌う。膨大な時間を費やして何百本、何千本もの作品を観て、読んで、たくさんのハズレを掴まされて、そのなかで鑑賞力が磨かれ、博識になり、やがて生涯の傑作に出会い、かつその分野のエキスパートになる——というプロセスを、決して踏みたがらない。

彼らは、「観ておくべき重要作品を、リストにして教えてくれ」と言う。彼らは近道を探す。なぜなら、駄作を観ている時間は彼らにとって無駄だから。無駄な時間をすごすこと、つまり時間コスパが悪いことを、とても恐れているから。

彼らはこれを「タイパが悪い」と形容する。

作品とコンテンツ、鑑賞と消費

無駄は、悪。コスパこそ、正義。

「何者かになりたい」人たちが門を叩くある種のオンラインサロンには、そういう考えの人たちが集っている。このサロンに入り、影響力のある人とつながって、インスタントに何か一発当てたい。脚光を浴びたい。バズりたい。そんな一発逆転を狙う人たちであふれている。

「これさえ実行しておけば成功する、魔法の裏技」「この人とつながったら、成り上がれる」、そんな秘密のバックドア、ゲームで言うところの〝チート〟(cheat／ゲームのデータやプログラムを不正に改変してキャラクターの能力をアップさせたり、アイテムやお金を増やしたりする)を、彼らは日々探している。いわばライフハックの一形態だが、cheat の元々の意味は「いかさま」「不正行為」「詐欺」だ。

今の世情が、「コツコツやっていても必ずしも報われない社会だから、仕方がない」という理屈は、わかる。ただ、それを映像作品にまで求めるのか。

否、彼らは映像作品と呼ばない。「コンテンツ」と呼ぶ。

映画やドラマといった映像作品を含むさまざまなメディアの娯楽を「コンテンツ」と総称するようになったのは、いつ頃からだったか。こうなると、「作品を鑑賞する」よりも「コンテンツを消費する」と言ったほうが、据《す》わりはよくなる。

ここで、言葉の定義を明確にしておこう。

「鑑賞」は、その行為自体を目的とする。描かれているモチーフやテーマが崇高か否か、芸術性が高いか低いかは問題ではない。ただ作品に触れること、味わうこと、没頭すること。それそのものが独立的に喜び・悦《よろこ》びの大半を構成している場合、これを鑑賞と呼ぶことにする。

対する「消費」という行為には、別の実利的な目的が設定されている。映像作品で言うなら、「観たことで世の中の話題についていける」「他者とのコミュニケーションが捗《はかど》る」の類いだ。

食事にたとえるなら、「鑑賞」は食事自体を楽しむこと。「消費」は栄養を計画的に摂るため、あるいは、想定した筋肉美を手に入れるという実利的な目的を達成するために食事をすることだ。

「鑑賞」に紐づく「作品」という呼称と、「消費」に紐づく「コンテンツ」という呼称の違いは、〝量〟の物差しを当てるか、当てないかだ。

content（コンテンツ）が「内容物」や「容量」の意味であること、新聞などがいまだに「コンテンツ（情報の中身）」などと説明するように、また「コンテンツ」が電子媒体上の情報や制作物を指し示すことを皮切りに言葉として浸透した経緯からして、「コンテンツ」という呼び方には、数値化できる量（データサイズや視聴に必要な時間）に換算して実体を把握しようという意志が、最初から織り込まれている。それゆえ、「短時間」で「大量」に消費できることで得られる快感が、視聴満足度に組み込まれうるのだ。

しかし「作品」は〝量〟を超越する。〝量〟の物差しを拒否する。鑑賞に要する時間と得られる体験を、即物的な費用対効果で考えたりはしない。鑑賞後何年も経ってから、まるで時限爆弾のようにインスピレーションや啓示が爆発することもある。「実利的」「有用性」を求める意志が、高い優先度では組み込まれていない。「作品」の良し悪しの基準をあえて設定するなら、「鑑賞者の人生に対する影響度」とでも言うべきものになるだろう。それは数値化できず、他の鑑賞者にまったく同じ影響を及ぼすことはない、という意味において、再現性も皆無だ。

ゆえに当然ながら、ある映像作品が視聴者にとってどういう存在かによって、「コンテンツ」と呼ばれたり、「作品」と呼ばれたりする。どういう視聴態度を取るかによって「消費」なのか「鑑賞」なのかが異なってくる。新聞の価値を、食器の包み紙や廃品回収でのキロ単位引き取り額で測る人もいれば、世の中を知るための情報源と捉える人もいる、ということだ。

「ファスト映画」という効率的摂取

たしかに「消費」なら、10秒飛ばしでも倍速でも構わないだろう。それは、ファストフードの機械的な早食いや、咀嚼《そしゃく》を省略した食物の流し込みと変わらない。目的はカロリー摂取だ。もはや食事ですらない。コンテンツを「摂取する」とは、よく言ったものだ。

ファストフードから連想するトピックがある。

数分から十数分程度の動画で映画1本を結末まで解説するチャンネルが、ＹｏｕＴｕｂｅ上に多数存在する。通称「ファスト映画」。ファスト（fast）とは「迅速な、即席の」という意味。「ファストシネマ」「あらすじ動画」などとも呼ばれる。当然ながら著作物の違法アップロードであり、２０２１年６月には全国で初めて摘発者が出て11月に有罪判決が下った。[*11]しかし原稿執筆時点で、このような動画の流通は根絶されていない。

ファスト映画サイトの運営者は、ＤＶＤなどから吸い出した動画データを勝手に編集して短くまとめ、ＹｏｕＴｕｂｅにアップして広告収入を得ている。違法性や倫理観の欠如についての議論や、著作権者の被害額の話は一旦脇に措《お》こう。ここで重要なのは、その動画に多大なるニーズがあったという事実だ。一動画あたりコンスタントに数万〜数十万回再生、人気のものだと数百万回も再生されていたから、なかなかのもの。

海賊版対策などを行うコンテンツ海外流通促進機構（ＣＯＤＡ）の調査によれば、違法なファスト映画サイトは以前から存在したが、新型コロナウイルスの感染拡大によって人々が外出自粛し始めた2020年の春頃から、YouTubeへの投稿が急増したという。また、このような動画は中国語圏や韓国にも存在するが、英語圏では日本ほど盛り上がりが確認されていないという報告もある。

2時間の映画を10分で観る。これは「古今東西の名著100冊を5分であらすじだけ読む」に類するノリか。あるいは、「忙しいビジネスマンが、通勤中にオーディオブックでベストセラービジネス本を聴く」行動に近いのかもしれない。

すべてをセリフで説明する作品が増えた

3つめの背景は、セリフですべてを説明する映像作品が増えたことだ。

本来、映像作品は映像で語るものなのだから、役者が悲しそうな顔をしていれば悲しいことが伝わるし、無言でじっと汗をかいていれば絶体絶命であることがわかる。モノローグ（独白）で、「悲しい」とか「どうしよう」などと口にする必要はない。

しかし、昨今の（特に日本の大衆向け）映像作品には、いま自分が嬉しいのか、悲しいのか、自分がどのような状況に置かれているのかを、一言一句丁寧に、セリフで説明してしまうものが多い。言葉なしの映像だけを観て読み解く必要がないのだ。

TVアニメシリーズ『鬼滅の刃』(第一期)の第1話。主人公の竈門炭治郎《かまどたんじろう》は、雪の中を走りながら「息が苦しい、凍てついた空気で肺が痛い」と言い、雪深い中で崖から落下すると「助かった、雪で」と言う。

しかし、そのセリフは必要だろうか。丁寧に作画されたアニメーション表現と声優による息遣いの芝居によって、そんな状況は説明されなくてもわかる。

このセリフが原作どおりであることは承知だ。しかし、モノクロの静止画である漫画とカラーで動くアニメーションでは、情報量が格段に異なる。漫画の場合、一枚絵では伝えきれない情報をモノローグで補足するのはいいとしても、アニメーションになった時点で、その補足情報は必要不可欠と言えない。*12

『鬼滅の刃』に限らず、実写映画でも地上波ドラマでも、そういう作品がとにかく増えた。そういう作品ばかり観て育った人たち、あるいはそういう作品に慣れた人たちが、「セリフのないシーンは、飛ばしても支障ない」「字幕さえ追えば、状況は把握できる」という発想になるのは、当然だ。

もしくは、逆なのかもしれない。製作側の親切心で、長年にわたって説明過多の「わかりやすい」作品が世にあふれた結果、視聴者のリテラシーが低位で安定してしまったのか。

四半世紀にわたって屈指の「わかりにくさ」を誇り、それがまた作品の深みにもなっていた『新世紀エヴァンゲリオン』の総監督・庵野秀明《あんのひであき》は、『シン・エヴァンゲリオン劇場版』制作を追うドキュメンタリー取材を承諾した理由をこう語った。

「おもしろいですよっていうのをある程度出さないと、うまくいかないんだろうなっていう時代かなって。謎に包まれたものを喜ぶ人が少なくなってきてる」[*13]

「飛ばした10秒」の中にあるもの

倍速視聴したり、10秒飛ばしをしたりする人たちは、物語を追いかけるのに必要な情報は、必ずセリフやナレーションで与えられるものだと信じきっている、ように見える。

しかし、映像表現とは、本来そうではないはずだ。

誰もいない部屋に、氷が溶けきっていない飲みかけのウイスキーグラスがあれば、それは「ウイスキーを飲んでいた人間が立ち去ってから、まだあまり時間が経っていない」ことを表している。妻のいる自宅に夫が帰ってきても、「ただいま」「おかえり」が交わされなければ、その夫婦がうまくていっていないらしいことが伝わる。ある小道具が必要以上に長く映されていれば、その小道具は物語上なんらかの意味を担っている。暗示というやつだ。

教訓や風刺を物語の形式で伝える寓話、皮肉やあてこすりなどにも、直接的な説明は与えられない。ある主張を別の表現に置き換えているからだ。これを仮託《かたく》と呼ぶ。

画面に映っている美しい自然や人の営みそのものを「ただ堪能する」のも、映像作品の醍醐味だ。ディズニーランドでは、乗り物に乗っていなくても、パーク内にただいるだけで楽しい。あるいは絵画や写真鑑賞のように、描画・撮影された対象物の美しい配置・構図・色合いをじっくり眺め、それらがどんな主題の比喩になっているかに思考をめぐらせる。

しかし、10秒飛ばしや倍速視聴では、それらを汲み取りきれない。アトラクションからアトラクションの移動時に目隠しをされては、夢の国を堪能したとは言えない。自転車で美術館内を回るのは、芸術鑑賞ではない（かつての筆者がやっていたことだ。重ね重ね、胸が痛い）。

速読や抄訳とは何が違うのか

ただ、こんな反論もあるかもしれない。映像の時短視聴を問題視するなら、書物の速読や長大な海外文学の抄訳《しょうやく》（原文のところどころを抜き出して翻訳すること）、あるいは連続ドラマなどの総集編は、なぜ許容されているのか？　もしくは、許容しない人がいるとしても、なぜその数は映像の時短視聴に抵抗を覚える人に比べて少ないのか？

速読から考えてみよう。取り急ぎ、速読が書物の堪能度・理解度を阻害するか、しないかの議論はしないでおく。

映像で紡《つむ》がれる物語、その原型のひとつに演劇があるが、演劇はその出現時から、鑑賞者が自分のペースで観る、という性質のものではなかった。しかし書物は、出現時から読者が自分のペースで読むことを想定されていた。そこに大きな違いがある。速読は、読書という行為に最初から組み込まれていたのだ。倍速視聴は速読と同様に鑑賞方法の一バリエーションかもしれないが、同じ次元で語られるべきではない。

次に、抄訳と総集編に関しては、それを作っているのが誰かという点が重要だ。抄訳作業を行ったのは間違いなくその作家やその種の文学に造詣の深いプロの翻訳家であるし、ドラマの総集編を編集したのは、そのドラマの内容を熟知したテレビマンである。当該本編のディレクターや編集マンが自ら編集することも多いだろう。つまり、〝ちゃんとした人のお墨付きを得た〟〝作品の滋味を極限まで損なわせないような配慮が施された〟ダイジェストなのだ。これも、いち視聴者の勝手により手軽に視聴スピードを可変させられる倍速視聴と並べて語れるものとは言えない。

その意味で「ファスト映画」は、違法というだけでなく、ダイジェストの質が担保されていない（本編を適切にサマリーしているかどうか怪しい）という意味でも、二重に問題視されるべきだろう。

無論、「芸術とは作者が想定していない鑑賞のされ方も許容しうるものだ」という謂《いい》は認める。そこでは、フランスの批評家ロラン・バルトなどが提唱した「テクスト論」、すなわち「文章を作者の意図に支配されたものと見るのではなく、あくまでも文章それ自体として読むべきだとする思想」[*14]が想起されるかもしれない。いったん書かれた文章は作者から切り離され、自律的なもの（テクスト）となってさまざまな読まれ方をする、というわけだ。映像作品をこれに当てはめる手もあるのではないか？

しかし、少なくとも本書で言うところの倍速視聴者が、そのように能動的な芸術鑑賞態度をもって倍速視聴をあえて選んでいるとは考えにくい（このあとの第1章のヒアリングからも、それが伝わるだろう）。彼らの動機の大半が「時短」「効率化」「便利の追求」という、きわめて実利的なものであるのは明白だ。

さて、ここまでの文章は、筆者が２０２１年3月、「現代ビジネス」というビジネスサイトに寄稿した『映画を早送りで観る人たち』の出現が示す、恐ろしい未来[*15]」という記事を大幅に加筆したものだが、改稿しても、その骨子は変わっていない。要するに、倍速視聴や10秒飛ばしに対する違和感の表明である。

同記事は大きな反響を得たが、たくさんの賛同とともに、これまた少なくない量の不快感の表明も頂戴した。

「細かいところはどうでもいいんだよ。ストーリーさえわかれば」

「飛ばされるような作品を作るほうが悪い」

「どういうふうに観ようが、私の勝手」

そう言わせるほどの切実さが彼らにもあるはずだ。だから、同意はできないかもしれないが、納得はしたい。理解はしたい。

まずは、彼らの話に耳を傾けることから始めよう。

＊1　クロス・マーケティング「動画の倍速視聴に関する調査（2021年）」2021年3月10日
＊2　2021年12月2日に筆者がゲスト講師を務めた授業「多様化するメディア」（久保田進彦教授／青山学院大学経営学部）において実施。
＊3　原田曜平『Z世代　若者はなぜインスタ・TikTokにハマるのか?』光文社新書、2020年
＊4　以下は、10秒飛ばしの「しやすさ」で動画メディアの良し悪しを評価する青学生の声。「YouTubeのスキップ機能が一番使い勝手が良い。他は10秒スキップを連打してもサクサク飛んでくれないことがあり、そこにストレスを感じる。某配信サービスは、自分がいつも観ているデバイスだと30秒スキップしかできず、使い勝手が悪かったので解約した」
＊5　クロス・マーケティング「動画の倍速視聴に関する調査（2021年）」2021年3月10日
＊6　映画（実写／国内・海外問わず）17・2%、連続ドラマ（実写／国内・海外問わず）23・4%、アニメ映画10・9%、アニメシリーズ（TV・配信問わず）11・7%、報道・ドキュメンタリー19・5%、教育・教養番組14・8%、大学などの講義57・8%、バラエティ番組（お笑い、情報バラエティなど）10・9%、YouTuberによる企画動画50・8%、スポーツ2・3%。
＊7　「Netflix、2021年度のコンテンツ製作予算は170億ドル」映画.com、2021年4月22日
＊8　一般社団法人　日本映画の製作者連盟HPより。
＊9　ワカモノのトリセツ「飛ばし見はマスト。もはや動画を観ない説。」note、2019年10月29日

＊10　以下、Google Trendsにおける説明の抜粋：「数値は、特定の地域と期間について、グラフ上の最高値を基準として検索インタレストを相対的に表したものです。100の場合はそのキーワードの人気度が最も高いことを示し、50の場合は人気度が半分であることを示します」。なお2020年1月から2022年1月までの期間で「コスパ」が数値「100」を記録したのは2020年1月と2021年5月。

＊11　宮城県警察本部と塩釜警察署が6月23日に3名を逮捕、7月14日に起訴、11月16日に判決が確定した。主犯格の被告Aは懲役2年、執行猶予4年、罰金200万円。被告Bは懲役1年6月、執行猶予3年、罰金100万円。被告Cは懲役1年6月、執行猶予3年、罰金50万円。

＊12　漫画家のきたがわ翔（1967年生まれ）は『劇場版「鬼滅の刃」無限列車編』について、以下のように語っている。「煉獄さんが最後にたくさん語るじゃないですか。僕個人からすると、『そこまで説明しなくてもいいのでは』と思いますが（笑）、今の時代は逆にあれじゃないと多分ダメなんですね。僕らの世代の漫画の作り方とはまったく違う。（略）現代の読者は、とにかく『その人物が抱いている気持ちを、丁寧に説明してほしい』と思っているように感じます。（略）描かれた絵やセリフ以上のことを読者に想像してもらうという描き方が、今は難しい時代になってきています」「同業漫画家から見た『鬼滅の刃』以降のトレンド　〝省略の美〟から〝少女漫画的な共感性〟を重視」オリコンニュース、2021年12月9日。

＊13　『プロフェッショナル　仕事の流儀　庵野秀明スペシャル』NHK、2021年3月22日放送

＊14　「ウェブ版　知恵蔵」朝日新聞出版、2007年（項目執筆者：西研）

＊15　稲田豊史「『映画を早送りで観る人たち』の出現が示す、恐ろしい未来」現代ビジネス、2021年3月29日

第1章

早送りする人たち

――鑑賞から消費へ

◀◀ CHAPTER.1 ▶▶

最初と最後がわかればいい

本章では、倍速視聴習慣のある男女に、グループインタビューやヒアリングでその視聴スタイルを聞いた。彼らの多くは大学生（関東地方に所在する3つの大学の2〜4年生）なので、序章で言及した「20代全体の49・1％に倍速視聴経験がある」人たちに含まれる。あるいは、青山学院大学2〜4年生の「倍速視聴を『よくする』『ときどきする』は66・5％」に近い。彼らが世の中の平均的な若者像であるとは断言できないが、「倍速視聴習慣がある若者としては、平均的なタイプ」とは言えるだろう。

なお、学年や年齢はヒアリング当時（2021年7〜12月）のものである。

YouTuberの動画やABEMAの恋愛バラエティショーが好きだというAさん（女性・大学4年生）は、AmazonプライムビデオやNetflixで映画もよく観る。最近観たのは、King & Prince の平野紫耀《ひらのしょう》と橋本環奈《はしもとかんな》が主演した日本映画『かぐや様は告らせたい』（2019年）だ。

「最初からずっと早送りで、何か状況が変わりそうなシーンで通常速度に戻す。最初と最後がわかればいい。最後ハッピーエンドで終わったので、あ、オッケーかなって」

それで楽しめたかを聞くと、「おもしろかった」。そんなにおもしろかったなら、飛ばして観てもったいないとは思わないかと聞くと、「全然」と即答された。

「結果的に1時間もかかんないくらいで観られたんですけど、もし2時間近くもかけちゃってたら、おもしろさよりも『ああ、こんなに時間を使っちゃったんだ』みたいな後悔のほうが大きくなると思う」

そうまでして時間を節約したいなら、観ないという選択肢はないのか。

「ないです。ちょっとつまんで観ておけば、誰かが話題に出した時に『ああ、観たよ』って言えるじゃないですか」

AさんはＹｏｕＴｕｂｅも〝効率的〟に観る。コメント欄に「何分何秒のシーンが良かった」と書き込まれていれば、そこまで倍速で観て、該当シーンだけを通常速度で観るのだ。

Aさんは嵐の松本潤が主演、ヒロイン役を石原さとみが演じたＴＶドラマ『失恋ショコラティエ』（フジテレビ系、２０１４年1〜3月放映）も、録画を早送りで観た。

「マツジュン（松本潤）がチョコ作ってるところが、どうでもいいなあと思って。そういうシーンは全部飛ばしてました」

一応断っておくと、同作はショコラティエ（チョコレート職人）たちの話なので、チョコを作るシーンは作品のメインテーマにも深く関わっている。

「石原さとみがかわいいから観ていただけなので」

お目当ての俳優をただ見ていたいから、彼（彼女）が出ていないシーンは飛ばす、という人は少なくない。ある女子大学生は「自分が好きな俳優さんや女優さんが出ている作品を観るときは、あらかじめレビューを読み、評価が高いシーンや心が躍りそうなシーン（話が展開するシーンやキュンキュンするシーン）だけを観ることが多い」という。

また別の女子大学生は、「観る作品は完全に出演者で決めているので、ストーリーのおもしろさや感動は重視していない。コロナ禍を機にＮｅｔｆｌｉｘやＡｍａｚｏｎプライム・ビデオに加入したが、前者はほぼ通常速度で見たことがない。同じ作品が観られるなら、倍速視聴できないＡｍａｚｏｎプライム・ビデオではなく、必ずＮｅｔｆｌｉｘで視聴する」そうだ。

興味深いのは、彼女の趣味が舞台鑑賞、つまり芝居の間《ま》やセリフのタイミングに敏感であるべき趣味なのにもかかわらず、倍速視聴を厭《いと》わないということだ。「芝居の間やセリフのタイミングは舞台で楽しむので、動画には求めていない。動画に求めるのは、思い通りにカスタマイズできる快適さや〝見心地の良さ〟を追求できること」だという。

「つまんない」判定が下ったら、あとはずっと1・5倍速

アクションもの、特に銃器を使った作品が好きなBさん（男性・大学2年生）が最近倍速視聴したのは、映画『るろうに剣心 最終章 The Final』（2021年）と『るろうに剣心 最終章 The Beginning』（2021年）の二部作。主演は佐藤健《さとうたける》。ワイヤーを使った大掛かりでケレン味たっぷりの剣戟《けんげき》アクションが売りの作品だ。

「過去の回想シーンを早送りしました。やたら多いし、くどかったので」

とにかく、お目当てのシーンだけを観たい。

「こないだ観たレース映画は人情シーンを早送りました」

Bさんの視聴スタイルは、まず通常速度（等速）で観始め、つまらないと感じたら、その後はずっと1・5倍速。DVDレンタルで観たSF映画『第9地区』（2009年）もそうして観た。

1本の作品内で、通常速度と倍速を頻繁にスイッチしながら観る人は多い。大学生にもよ

く観られているアニメ『鬼滅の刃』については、「原作漫画を読んでストーリーは全部知っていたので、原作のおもしろい部分だけを通常速度で観て、他は倍速で観た」「劇場版を途中まで観たが、あまりおもしろくなかったので、残りを最後まで倍速で観た」という声が別の大学生から挙がった。

Cさん（男性・大学3年生）は昨年、『新世紀エヴァンゲリオン』（1995～1996年TV放映、1997年に劇場版2本公開、2007～2021年に劇場版4本公開）との出会いをきっかけにアニメに目覚めた。今では新作アニメのTVシリーズを日々精力的にチェックしている。その中で倍速視聴するのは「ストーリー重視のもの」だそうだ。

ストーリー重視、とはどういうことか。

「この人はこういう気持ちなんだ、みたいな心情描写が中心ではない、展開自体がおもしろい作品です。ただ単に戦争をしていく展開とか。そういった作品は基本的に行間を読まないでも話が通じるので、1・25倍か1・5倍速です」

ただし、少なくとも第1話だけは通常速度で観る。

「TVアニメは最大でも第3話くらいまで観れば、だいたいおもしろいかどうかわかるんですよ。その時点で『残りは倍速でいいな』と感じたら、以降はずっと倍速。観るまでもないと判断したら、倍速すらしないで観るのをやめます」

「視聴終了」が赤信号だとすれば、黄信号に当たるのが「早送り」である。

「昨今はつまんないアニメがいっぱいあるので、そうやって選別しないと、こなせないんですよね」

ところで、「映画やドラマは倍速再生しないポリシーがある」と豪語したある大学生は、その流れで「ただ、アニメやＹｏｕＴｕｂｅなど、経過を知りたいコンテンツは倍速再生をする」と続けた。彼にとってアニメは〝経過を知りたいコンテンツ〟なのだ。

〝どうでもいい日常会話〟は早送りしても支障ない

Ｄさん（男性・大学3年生）は映画やドラマの倍速視聴はあまりしないものの、持論がある。

「人間が能動的に集中できる時間は90分だという説があって、僕はわりとそれを信じてるんです」

だとすれば、平均２時間前後という映画の尺は人間の集中力を超えている。

「ごくたまに早送るのは、日常のことを淡々と話しているシーンです。あまり頭に入ってこないので」

先ほどのAさんも、「どうでもいい日常会話とか、ただ歩いているだけのシーン」は飛ばすという。〝どうでもいい日常会話〟――なかなかのパワーワードだ。

長い会話を早送る人は多い。Eさん（男性・大学2年生）もそのひとりだ。

「会話の中の情報さえ取りこぼさなければ、それでいいと思っています。心情ものとかじゃない限り、別に飛ばしてもいいかなって」

会話と情報交換は果たしてイコールなのだろうか。「心情もの」とそうでないものの区別は、どの時点で、どのような基準でつけるのか。疑問は尽きない。

Eさんに「10秒の沈黙には5秒でも15秒でもない、10秒の意図が作り手にあるのでは？」と聞いてみたところ、にべもない答えが返ってきた。

「僕が長ったらしいなと感じたということは、作り手の意図が僕に伝わっていなかった、通じていなかった証ですよね？　意図が感じられなければ、飛ばすまでです」

何が悪いんですか、という顔をされてしまった。

Eさんのような意見は珍しいものではない。「間を楽しめるほど表現に凝《こ》った作品がないので、飛ばすのは仕方ない」「喋るのが遅い登場人物や、たいして興味のない登場人物のシーンは飛ばす」。このような声は枚挙《まいきょ》に暇《いとま》がない。

自分の好きな作品ですら10秒飛ばしを多用するというある大学生は、自らの視聴スタイルを「そのコンテンツにおいて必要ない、おもしろくないと感じる部分を、動画編集における〝カット〟の感覚でやっている」と説明した。

変わったことをしているという意識はない

現代ビジネスの記事に対する反響を受け、ＡＢＥＭＡの報道バラエティ番組「ＡＢＥＭＡ Ｐｒｉｍｅ」は２０２１年５月６日、「倍速&飛ばし見視聴は正解？　時間を奪い合う時代のコンテンツ論を議論」と題した特集を放送。筆者はそこに、早送り違和感派としてＺＯＯＭ出演した。

そこで、早送りユーザー代表の立ち位置でＺＯＯＭ出演したのが、前出のゆめめ氏である。

ＶＴＲで紹介されたゆめめ氏の視聴スタイルは「１時間ドラマを５分30秒で観る」「動画配信サイトの画面下にあるあらすじを読み、その内容が書いてあるところまで飛ばし飛ばし

10秒スキップして、『今あらすじに書いてある2行目ぐらいのシーンって、ここだな』と確認しながら観る」といったものだった。

VTRには別の29歳男性も登場した。彼の視聴スタイルは、「TV番組の録画は1・3倍速、YouTubeの動画は2倍速、アニメ（アプリで観る）動画は2倍速」というもの。「観たいものがたくさんあるので、普通の速度で観ていると時間が足りなくなってしまう」そうだ。

スタジオは賛否が真っ二つに割れた。以下、参考までに出演者の放送当時の年齢も記す。

司会のお笑いコンビ・EXITのふたり――兼近大樹《かねちかだいき》（30歳）、りんたろー。（35歳）――と実業家・プロデューサーの若新雄純《わかしんゆうじゅん》（年齢非公表）は、おおむね倍速視聴否定派。キャスターの柴田阿弥《しばたあや》（28歳）とテレビ朝日アナウンサーの平石直之《ひらいしなおゆき》（46歳）は肯定派。実業家のハヤカワ五味《ごみ》（25歳）は「ケースによる」といった立ち位置だった。

柴田は言う。

「韓国ドラマとかアニメとかもですけど、（最初の）1、2話を超えられるかがハマるポイントじゃないですか。基本1、2話がちょっと私的《わたし》にはかったるいんですよ。だから飛ばして（早送りで）観てもおもしろかったら、あ、これは好きだと思って、通常（速度）で観る」

ハヤカワ五味も、「7話からおもしろくなるからそれまでは観て！と言われたところで、そこまで耐え忍ばなければいけないなら、早送りしたくなる」という主旨の発言をした。

番組ではそれぞれが持論をぶつけ合い、大いに盛り上がった。後日、ゆめめ氏が放送を振り返る。

「自分の周囲の人たちもみんな倍速視聴してるのが当たり前なので、べつに自分が変わったことをしているという意識はなかったですね」

番組内でゆめめ氏は言った。「めっちゃ足りないです、時間が」

〝予習〟のための倍速、〝平凡なシーン〟は不要

放送後、ゆめめ氏に連絡を取って個別に話を聞いた。

直近で倍速視聴したのは『東京リベンジャーズ』のアニメシリーズ。「週刊少年マガジン」の連載漫画を原作とする同作は、2021年4月から放映開始。地上波ほか各種動画配信サービスで視聴できるが、ゆめめ氏はＮｅｔｆｌｉｘの1・5倍速で観た。

「実写映画版の『東京リベンジャーズ』（２０２１年７月公開）が話題になっていたので、映画館に観に行く前の〝予習〟として、まずアニメをチェックしようと。でも、その時点で十数話まで放映が進んでいたので、これは倍速しかないなって」

以前、彼女が『テニスの王子様』のアニメシリーズを倍速視聴したのも似たような理由だった。友人と『テニスの王子様』の舞台版ミュージカル（通称テニミュ）を観に行くことになったが、ゆめめ氏は小学生の頃にテレビアニメ版を観たっきり。そこで予習のため、倍速視聴と飛ばし見を駆使して観まくった。

「登場人物と人間関係を知るだけなら、それで十分だと思って」

ゆめめ氏が倍速視聴するケースは主に２つ。ひとつは『東京リベンジャーズ』や『テニスの王子様』のように、何らかの〝本番〟に備えた〝予習〟のため。もうひとつは、単純に周囲で「これ話題だよ」とおすすめされた場合だ。

彼女は10秒飛ばしも多用する。

「たとえば『東京リベンジャーズ』だと、主人公の家に男の子たちが集まってワイワイ喋っているような日常のワンシーンは飛ばします。ケンカシーンは飛ばしません」

日常の会話シーンに、何か重要な情報が含まれている可能性は？

「うーん、そのシーンを仮にちゃんと観たとしても、印象に残るのはおそらくケンカシーンだけなんですよね。どうせ印象に残らないなら、別にちゃんと観なくてもいいかなって。どの作品も〝平凡なシーン〟は大体10秒飛ばしします」

ちなみに彼女は『東京リベンジャーズ』を14話で挫折《ざせつ》（取材時点では20話まで放映されていた）。映画版は結局観なかった。

Fさん（女性・大学2年生）も10秒飛ばしボタンを連打する。

「ミステリー系のドラマで明らかに犯人がわかりきっている場合、そのあとのプロセスは飛ばします。某ドラマの場合、一番最初に出てきた女優さんが豪華すぎるキャスティングで、どう考えてもこの人が犯人だろって思ったので、後半まですっ飛ばしました」

連続ドラマを〝話ごと〟飛ばす

連続シリーズものが長い、すなわち話数が多いゆえに倍速視聴するケースは多い。「周囲で話題になっているアニメシリーズを観ようと思ったが、数十話もあるので最初から2倍速で観た、10秒飛ばしで観た」など。それが進むと、やがて〝話《わ》ごと〟飛ばすようになる。

Gさん（女性・大学2年生）はＮｅｔｆｌｉｘで韓国ドラマシリーズをよく観る。２０２0年に話題となった『愛の不時着』（Ｎｅｔｆｌｉｘ、全16話）はもちろん観たが、初見時から話ごと丸々スキップして観た。

「途中まで普通に観てたんですけど、早く結末を知りたかったので、途中話を何話か飛ばしていきなり最終話を観ました」

平然と話す彼女に唖然とした。ただ、彼女には「2周目」がある。

「結末を知って安心したので、２回目は最初から1話ずつ飛ばさず丁寧に観て、サブキャラクターのおもしろさに気づいたりしましたね」

Gさんは本もそういう読み方をする。

「『よるのふくらみ』（窪《くぼ》美澄《みすみ》著）という恋愛小説は、途中まで読んで結末を知りたくなったので、その後を飛ばして最後を読みました。２回目は頭からサーッと流しで」

ドラマにせよ小説にせよ、飛ばした箇所には新しい登場人物や重要な伏線が描かれているかもしれない。否、当然描かれているだろう。そこは気にならないのか。

「『突然出てきたこいつ、誰？』ってなることはよくありますよ（笑）。でも、どうせ2回目もあるんだし、気にしません」

Ａさんもそれに近い。刑事物のドラマなどで、最初だけ観て誰かが殺されたら、真犯人がわかる最後まで飛ばす。それで「楽しみが減る」という感覚はない。それよりは、早く結末を知ることができる快感のほうが大きい。

大学生たちへのヒアリングでは、何人かから同じような言葉が聞かれた。

「せっかちなんですよ、私（僕）」

同じようなことは柴田キャスターも言っていた。せっかちだから、早く結末が知りたい。せっかちだから、すぐ結論が欲しい。だから早送る。だから10秒飛ばす。途中をすっ飛ばして最終話までワープする。

２０２１年9月に全世界に向けて配信され大ヒットとなった韓国ドラマ『イカゲーム』（Ｎｅｔｆｌｉｘ、全9話）は、日本の若者たちにも人気を博した。以下は、同作を3話まで観て最終話にジャンプしたという女子大学生の弁。「第1話から観始めたが、デスゲームものとしてはわりとよくある内容で、なんとなく話の流れはわかったので、第3話まで観たところでそれ以降の話を飛ばし、いきなり最終話（第9話）を観た」

彼女に限らず、「連続シリーズを観始めたものの、何らかの理由で倦《う》んでしまい、とはいえ結末は知りたいから、とりあえず最終回を観た」という人は多い。

先に結末を知りたい

「早く結末を知りたい欲」を最も効率的に叶えるのが、結末までのストーリーが全部書かれているネタバレサイトや考察サイトを読む行為だ。アニメやドラマのシリーズを途中話まで観て、飽きてきたらこういったサイトを読む。あらましがわかれば満足するので、残りは倍速視聴だろうが、10秒飛ばしだろうが、話ごと飛ばしだろうが、構わない。途中話を全部飛ばして最終回だけ観れば、大団円を味わった気になれる。それが話題作なら、話題の輪に加われる。

ゆめめ氏はドラマ『あなたの番です』（日本テレビ系、2019年4〜9月）も、そのようにして観た。公式サイトに各エピソードのあらすじがネタバレまで書かれていたので、そこを読んで先に結末を知ってから観始めたのだ。

彼女はまた、漫画作品を原作とするドラマの第1話を観て、先が早く知りたいからとその続きを漫画で読む。実写ドラマは漫画から脚色してあることも多く、その場合は構成が変更されていたり、オリジナルエピソードが展開していたりもするはずだが、気にしない。漫画に切り替えた後、ドラマに戻ってこないこともしばしば。

極めつきは、山﨑賢人《やまざきけんと》主演のドラマ『今際《いまわ》の国のアリス』（Netflix、2020年）だ。

「第1話を観ておもしろかったので調べてみたら、原作漫画があって完結していると知りました。なので、漫画のネタバレサイトで一気読みして終わりました」

つまり、ドラマの続きを漫画で読む……ことすらせず、漫画のあらすじを全解説しているサイトであらすじを読んで満足した、というわけだ。彼女は同じことを、竹内涼真《たけうちりょうま》主演のドラマ『テセウスの船』（TBS系、2020年1～3月放映）でも実行した。

ゆめめ氏ほど極端ではないにしても、映画やドラマを観る前にネタバレサイトや考察サイトを読み込む人は少なくない。

先に読んでしまっては楽しめないのではないか？　しかしGさんは反論する。

「先に犯人が誰かわかった状態で観たほうが、『この人、犯人なのにこんなことしてるんだ！』みたいな観方が、初見の時点でできるじゃないですか」

ある登場人物の思わせぶりな挙動について、最初から答えが与えられている。たしかに、ある種の気持ち良さはある。しかし、何か大事なものと引き換えになっている感も否めない。

Gさんは菅田将暉《すだまさき》と有村架純《ありむらかすみ》主演の映画『花束みたいな恋をした』（2021年）の例を出した。脚本は『東京ラブストーリー』『最高の離婚』などで知られる坂元裕二《さかもとゆうじ》。国内の映画動員ランキングで6週連続1位を獲得したヒット作だ。

「映画館で先に観ていた友達に、最後に二人がどうなるかを細かいところまで教えてもらってから観たんですよ。『だから菅田君はここでこんなこと言ったんだ』みたいなことを細かく理解しながら観られたので、2倍楽しめた気がします」

Gさんの言い分はこうだ。もし予備知識なしで観て物語の細かいところが理解できなかったり、細かい演出を見逃したりしてしまった場合、モヤモヤが残ってしまう。それを避けるには、最初から教えてもらっておいたほうがいい、と。

とはいえ、物語の結末まで先に知る必要はあるのだろうか。Gさんはきっぱりと言った。

「だって、予告編を見れば二人が別れるなんてわかるじゃないですか。結果はどうでもいいんです。恋愛映画は過程が大事だから」

ファスト映画を観る理由

「作品の全貌を短時間で把握できる効能」という側面において、ファスト映画に勝るものはない。

なぜそこまでして、手っ取り早く内容を知りたいのか？　知れば、友達との話題についていける、結末まで知ったという満足感も味わえるからだ。しかも、無料で。

それゆえに、ファスト映画は一定の需要があった。

「ファスト映画は２０１９年の夏頃からぽつぽつ出始めてきて、ＹｏｕＴｕｂｅのおすすめにサムネ（サムネール）が上がってきたんですよ。それで知ってはいました」（Ｆさん）

Ｈさん（男性・大学2年生）の場合、自分自身はファスト映画を観たことはなかったが、友人が観ていた。

「コロナの前だから僕も２０１９年ですね。ＤＶＤデッキのあるカラオケボックスで、友達とある映画を一緒に観る会をやったんです。レンタルしてきたＤＶＤを再生し始めて10分くらいたった頃、その友達が、『あ、ファスト映画で観たことある』って。それで初めてファスト映画というものの存在を知りました。彼は話の結末まで全部知っていましたよ（笑）」

Eさんはファスト映画ユーザーだ。彼もＹｏｕＴｕｂｅのおすすめに出てきたことが、視聴のきっかけだった。

個別にヒアリングしたある20代女性は、「ファスト映画がめっちゃ好き」だと話してくれた。彼女の勤務先は大手広告代理店。職業柄、話題作を押さえたいから観ていると思いきや、そうではない。

「映画館では怖くて観られないホラー作品を、ファスト映画で観ます。怖いのが苦手なくせに、怖いもの見たさはあるので。ダイジェストだと怖くないんですよ」

何やら倒錯している。辛いものは苦手だが、辛いカレーは食べたい。だからすごく薄めたカレーを食べた。もしくはスプーン小さじ一口だけ食べた、といったところか。ただしカレー代は払っていない。

苦手なら観ないという選択肢はないのかという問いには、「好奇心」という返事。

「『ムカデ人間』（２０１０年）っていうむちゃくちゃグロい映画があるんですけど、ファスト映画で知るまでは、そもそも映画にこういうジャンルがあるってことを知らなかったんです」

彼女の話しぶりに自己弁護の色はない。ただただ、「ファスト映画が新しい世界を教えてくれたこと」に感謝している。屈託がない。そう、彼らは倍速視聴にしろ10秒飛ばしにしろファスト映画にしろ、それをすること、観ることについて、何の後ろ暗さも負い目も感じていない（余談だが、彼女の勤務する代理店は、日本映画への製作出資や海外作品の買付けなども行っている）。

ある女性は、中学生の息子がファスト映画ばかり観ていると嘆いていた。その息子さんは、ファスト映画サイトで作品を漁り、そこで気にいった作品の本編を正規の配信サービスなどで何度も繰り返し観る。彼にとってファスト映画サイトは、スーパーの試食コーナーのような存在なのかもしれない。無料でいくつも食べてみて、その中から気にいったものをレジに持っていく。

なお、「ファスト映画を観ている」と自己申告した大学生の相当数が、ファスト映画が違法であることを知らず、ファスト映画をどんな動機で観るかを無邪気に説明してくれた。ある男子大学生など「自分が作者ならば、（倍速視聴などせず）一番良い１００％の形で楽しんでもらいたい」という信条を語ったにもかかわらず、ファスト映画はしっかり観ていた。曰く「決して本編が長くて観るのが面倒だからではありません。ファスト映画はファスト映画として楽しむ」とのこと。いまいち理解できない説明だが、彼の中では整合性が取れているのだろう。

倍速視聴、10秒飛ばし、ファスト映画。そういった視聴習慣に馴染みがない人にとって、これらはきわめて異常な視聴スタイルだが、説明する彼らは基本的に嬉々としていて、一切の悪気がない。ゆめめ氏の言葉を借りるなら「べつに変わったことをしているという意識はない」。それがまた、筆者にとっては正直、不気味でもあった。宇宙人と話しているような、とでも形容すべきか。

繰り返し視聴とワンセットの「ながら観」

意に沿わないシーンは容赦なく飛ばす一方、気に入ったシーンは何度でも観る。

大胆な早送りや話飛ばしをするGさんも、気に入った作品は複数回視聴する。前出の『愛の不時着』は全16話もあるのに2周観ているし、蒼井優《あおいゆう》主演の『百万円と苦虫女』(2008年)は何度も観ているそうだ。

石原さとみファンのAさんは、彼女が主演したドラマ『校閲ガール』(日本テレビ系、20

16年10～12月放映）や『5→9～私に恋したお坊さん～』（フジテレビ系、2015年10～12月放映）を繰り返し観る。浜辺美波《はまべみなみ》の映画『賭ケグルイ』（2019年）や、川口春奈《かわぐちはるな》、林遣《はやしけん》都《と》主演の映画『にがくてあまい』（2016年）もヘビロテ作品だ。しかし彼女は言う。

「『にがくてあまい』のストーリーは全然おもしろくないんですよ（笑）。ただただ主演のふたりが可愛い。雰囲気とかで癒やされるなあって」

　機能性、という言葉が浮かんだ。

「『校閲ガール』は〝観てる〟というより、何か作業してる時、流しっぱなし。石原さとみさんの早口が耳に心地いいんですよ。『賭ケグルイ』は最後のクライマックスだけを何度も観ます。これも気持ちいいので」（Aさん）

　環境音楽的・BGV的な使い方である。

　Fさんも「独り暮らしなので、料理や掃除のときは基本スマホで映像を流しっぱなし」。お気に入りは宝塚動画や、アニメ『かげきしょうじょ!!』（2021年）。特に宝塚の動画は何十回も観ている。

「好きな作品を繰り返し観る」のは、世代を問わずごく自然な行動だ。ただ、AさんやFさんのように「勉強など何らかの作業時に映像を流しっぱなしにする」のは比較的若い層に顕著な習慣である。いわばラジオのような使い方をしているわけだが、実際ヒアリングした大学生の中には、「ｒａｄｉｋｏ（ＩＰサイマルラジオサービス。スマホアプリとして提供されている）のような使い方で映像を流し見している」人も複数人いた。

ところで、ひとつ気になることがある。「話題についていくために1本でも多く新しい作品を摂取する」を旨とする早送り・飛ばし見推進派としては、同じ作品の繰り返し視聴は信条に矛盾《むじゅん》しないのか。

結論から言えば、矛盾しない。

「新しいものを観るのは体力がいるんですよ。初見で倍速視聴で観て、話についていけなくて、えっ、なんでこうなったんだっけ？　みたいなのが面倒くさいし、疲れる。だったら既に観てよくわかってるものを繰り返し観るほうが、気持ちよく観られます」（Ａさん）

それなら最初から通常速度で集中して観ればいいのでは、と喉元まで出かけたが、これもまた「コスパ良く、早く結末を知りたいので」に回収されてしまうのだろう。

ブラウザのタブを10個開けておく

こんな観方もある。動画配信サービスをＰＣで視聴する際のＤさん。

「いろいろな人の考察を参照しながら映画を観たいので、ブラウザのタブを10個くらい開けておき、そのうちのひとつで映画を観ます。このセリフ、このシーンはどういう意味なのかな？　と思ったら一旦止めて、考察サイトのタブで該当箇所の解説を読む」

彼のお気に入りが『新世紀エヴァンゲリオン』だというのもうなずける。作中で提示される謎や考察サイトの多さについては、他の追随を許さない。

作品を深く知りたい、腑《ふ》分けしたいという意欲は理解できる。ただ、コンマ何秒単位でカット割りや「間」を計算している作り手としては、頻繁な一時停止とタブの往復を伴う鑑賞方法に何を思うか。

ただ、その作り手の卵にすら10秒飛ばしの習慣がある。

「僕自身も10秒飛ばししがち。セリフのない静寂のシーンなどは耐えられない節があります。（中略）ただ、『鬼滅の刃』のような説明セリフが山ほど入っている映像も、脚本家の端くれとしては到底許せません」

この発言の主は、日本大学芸術学部・映画学科でシナリオを専攻する現役の4年生だ。

さらに言うと、倍速視聴は日本人だけの習慣ではない。台湾から青山学院大学大学院に留学中の陳質文《ちんしつぶん》氏（24歳）によれば、「同世代の台湾の友人や、日本で知り合いになった中国人の友人にも倍速視聴の習慣がある」そうだ。

倍速視聴に抵抗感がある陳氏は、映像作品を倍速視聴する行為を「料理をミキサーにかけること」にたとえ、流暢《りゅうちょう》な日本語でこう説明した。

「料理をミキサーに放り込んで、ブーンと回してドリンクにして飲む。たしかに普通に食べるのと同じ栄養がとれます。だけど、それって食べ物と言えるでしょうか？」

倍速視聴は若者だけにあらず

こういった習慣は若者だけのものとは言えない。

「ＡＢＥＭＡ Ｐｒｉｍｅ」で平石直之アナウンサーは、自分が「超倍速派」であると公言した。

「ドラマも漫才も早見。スピードを上げられるものは全部。『味わえないでしょ』って言われるけど、2回3回見ればいいんですよ」

この発言はスタジオを驚かせたが、それほど珍しいことではない。

筆者の身近ではこんなことがあった。『愛の不時着』と同時期に配信が始まった韓国ドラマ『梨泰院クラス』(Netflix)がおもしろいとFacebookに投稿したところ、知り合いの40代男性からこんなメッセージがあったのだ。

「とりあえず第1話は観るつもりだけど、その後は何話から観ればいい?」

また別の例として、10秒飛ばしボタンに常に手をかけ、少しでも冗長だと感じるシーンはどんどん飛ばし、あるドラマシリーズを一気見したと豪語する30代もいた。

そのような傾向について、〝若者〟のCさんは言う。

「倍速視聴は若者に多い傾向って言いますけど、30～40代のほうが時間はないはずなので、タイパを求めてるのはむしろそっちなんじゃないですか?」

然《しか》り。序章で言及した「あるビジネス系インフルエンサー」は発言当時30代だったし、ビジネスマッチョな超効率主義・超合理主義者(や、彼らが主宰する啓発系オンラインサロンのメンバー)には30～40代も多い。

「鑑賞モード」と「情報収集モード」

序章では、「作品ではなく『コンテンツ』、鑑賞ではなく『消費』」と述べたが、ゆめめ氏には「鑑賞物」と「消費物」に明確な線引きがある。

「全部が全部早送りするわけではないんです。作品に触れた瞬間、とっとと消化したいのか、ちゃんと世の中と同じペースで見たいのかを、瞬時に選別しちゃってる」

彼女にとっての選別基準は、「周囲の誰もが大絶賛している作品かどうか」。

「例えば、アカデミー賞を受賞した『パラサイト　半地下の家族』（2019年）みたいな作品なら、鑑賞モードで観ようという気持ちになります。でも、ちょっと話題だからキャッチアップしたいみたいな作品は情報収集モード。『なんでこのお店が流行ってるんだろう？』と同じ種類の好奇心ですね。作品というより、ひとつの情報として見ているというほうが、言葉のイメージとしては近いかな」

ゆめめ氏のように、作品によって「鑑賞」で立ち向かうのか「情報収集」で立ち向かうのかを自覚的に使い分けている人は、大学生にも何人かいた。

鑑賞目的ではなく情報収集として観る。考察サイトやネタバレサイトを先に読み、犯人を知ってから本編を見始めるという行動も、その延長上にあるわけだ。

そんな中、倍速視聴について「作り手の意図を無視するのはいかがなものか」という意見表明をすると、一定数が以下のように反応してくる。

「それは芸術の話でしょ。娯楽をどう見ようが観る人の勝手」

映画が「芸術」かどうかという話をするなら、少なくとも登場最初期（20世紀初頭）時点では「芸術」ではなく、見世物であり大衆娯楽だった。しかし1911年、イタリアのリッチョット・カニュードが『第7芸術宣言』を著し、映画を時間芸術（音楽、詩、舞踊）と空間芸術（建築、彫刻、絵）を総合するもの（＝第7芸術）と定義して以降、その芸術性が自覚的に追求されていき、現在に至る。その意味で映画という文化ジャンルには、「芸術」と呼ばれうる側面が確実に備わっていると言えるだろう。

辞書的な定義はどうあれ、あるいは「芸術」と「娯楽」を対義語のように使用するのが妥当かどうかはさておき、少なくとも「それは芸術の話でしょ」の発言主の中で「芸術」と「娯楽」は明確に区別がある。つまり、こういうことだ。

芸術――鑑賞物――鑑賞モード
娯楽――消費物――情報収集モード

「情報収集モード」は書店の立ち読みに近い。話題のベストセラー本が陳列されている。この本はどんな内容だろう？　そんな時、目次だけ読んで本文をパラパラめくって斜め読みする。そうして何十冊もスクリーニング（審査）した中で、どうしても欲しい本だけを買う。買った本だけは飛ばさず大切に読み、本棚にきちんと収納し、時々読み返す。

彼らは「観たい」のではなく「知りたい」のだ。脚本を勉強中だというある30代男性は、それを「Ｗｉｋｉｐｅｄｉａの上位互換」だと形容した。

「観たい」のではなく「知りたい」

映画やドラマの倍速視聴には抵抗があっても、ニュースや情報番組の録画を倍速視聴することには抵抗がない、という人は少なくない。なぜ抵抗がないのかといえば、前者が「芸術鑑賞」、後者が「情報収集」だと分けて考えているからだ。

もし、ある種の映画やドラマも情報収集の対象だという認識ならば、効率的な摂取のために早送る行動には、なんの疑問もない。

「知る」ために映画を観る、で思い出すのが、２０２０年10月に公開されて興行収入４０３億円（国内興行で歴代1位）を記録した『劇場版　鬼滅の刃　無限列車編』だ。同作が世の中で大きな話題になり、ヒット分析記事がビジネス系サイトにあふれた当時、普段アニメには一切興味がないトレンドウォッチャーな中高年が、大挙して映画館に足を運んだ。

彼らは原作を読んだこともなければ、ＴＶアニメシリーズを観てもいない（同劇場版はＴＶシリーズの完全な続編である）。「なぜこんなにも流行っているのか」を知るために、観た。これを「情報収集」と言わずして何と言うのか。

留学生の陳氏は、アニメ『呪術廻戦』全24話をＮｅｔｆｌｉｘの倍速視聴で観た友人にこう言われたそうだ。

「なんでこんなにもひどい内容なのに、流行ってるんだ?」

つまりその友人は『呪術廻戦』が流行っている理由を「知りたい」がために、わざわざ全24話を倍速視聴したのだ。

そこまでして「知る」必要はあるのか。陳氏は言う。

「いわゆる情強、情報強者としての優越感が根っこにあるのでは。内容をちゃんと理解していなくても、『観た』という事実さえあれば批判する資格は得られますから」

知っていたほうがマウントは取れる。「マウントを取られる前に取りたい」が、早送りをする人たちのメンタリティの中にある。そして、「知っている」だけでいいのであれば、内容は大体把握していればいい。微《び》に入《い》り細《さい》を穿《うが》つ、作品を隅々まで味わい尽くすような鑑賞は必要ないのだ。

前出・脚本勉強中の男性は以下のように考える。

「映画を倍速で見る友人は、社会人になりたての頃に『俺はみんなと違って、学生時代に映画を観ていなかった。でも今から取り返そうと思っても追いつかない』と言っていました。察するに、周囲からの『これ観たほうがいいよ』『これ観てないの?』といったプレッシャーあるいはマウンティングを受け、義務感が増大し、結果『情報』という形になってでも映画を視聴する必要性にかられたのでしょう」

〝映画を視聴する必要性〟——思わず口に出して言いたくなる。

サブスクは1作品ずつが大事にされない

２０２１年６～７月に実施された「動画配信ユーザー実態調査２０２１」によれば、過去６回の調査で初めて、有料動画配信メディア（Ｎｅｔｆｌｉｘ、Ａｍａｚｏｎプライム・ビデオ等）の利用率（28・９％）がパッケージメディア（ＤＶＤやブルーレイの販売・レンタル）の利用率（24・５％）を上回った。[*1]

かつて「自宅で映画を観る」は「ＴＳＵＴＡＹＡやゲオでレンタルする」を意味していた。それが「配信で観る」に変わりつつある。同調査の対象者は13～69歳男女と幅広いので、もし若年層だけを切り取れば、「配信シフト」はより進行しているだろう。

その有料動画配信は、多くが定額制見放題を基本形式としている。決められた月額料金を払えば、定められた作品をどれだけ観てもいい（日本では俗に「サブスク」と呼ばれている。原義はサブスクリプション／subscription で、サービスを一定期間利用できるビジネスモデルのこと）。

Ｎｅｔｆｌｉｘなら、ベーシックプランが９９０円、スタンダードプランが１４９０円、プレミアムプランが1980円。それぞれ同時に視聴可能なデバイスの数や画質に差をつけている。Amazonプライム・ビデオなら、年間4900円（月あたり約408円）もしくは月額500円。学生ならそれぞれ2450円、250円だ。[*2]

視聴ごとに料金を支払うわけではない。これが、何をもたらすか。

作品のありがたみを減らす。

倍速視聴習慣のある若者に、そんなに時間がもったいないなら映画館で映画を観ている時も早送りしたくなるのでは、と聞いたら、そうはならないという答えとともに、こう言われた。

「映画館はそのためにお金をいちいち払うから、早送りするのはもったいない。でもNetflixにはもう月額料金を払っちゃってるから、別にいい」

この説明は非常に示唆《しさ》的だ。

人間は、実際の支払い手続きと引き換えにして個別の商品を受け取ると、「大枚はたいた」という気分を実感する。大切にするし、無駄にしたくないと思う。

しかし、毎月の決済手続きさえ必要としない月額料金自動引落とし、かつ「一定範囲内の作品を1ヶ月間自由に観られる権利」という無形物の売買に際しては、カネを払っているという感覚が希薄になる。結果、買ったものを大切にしない。ぞんざいに扱ってもそれほど抵抗感をおぼえない。

だから情報収集だろうが、早送りだろうが、10秒飛ばしだろうが、構わない。ぞんざいに流し見、ながら観したところで罪悪感を抱かない。

ＤＶＤレンタルであれば、目の前にディスクが物理的に存在しているので「期日までにちゃんと観ないと、払ったお金が無駄になる」という実感に襲われる。しかし無形の配信コンテンツでそのような感覚は持ちにくい。

さらに、１本あたりの視聴料金の安さもぞんざいに扱われる要因だ。Ｎｅｔｆｌｉｘのスタンダードプランの場合、月に10本観れば１本あたり１４８円。レンタルＤＶＤ時代に比べれば随分と割安だ。月額２５０円というＡｍａｚｏｎプライム・ビデオの学生会員に至っては、月10本なら１本たったの25円。月に何千円ものスマホ料金を支払っている大学生からすれば、消費税額以下の端数である。

平石直之アナウンサーも言う。「コンテンツが多いのに加えてそれがほとんどタダだったり、サブスクでいくら観ても同じだから」「(昔は)ＤＶＤ買っても何回も観たりとか丁寧にやってたけど、全部タダだし、おんなじ料金だから」

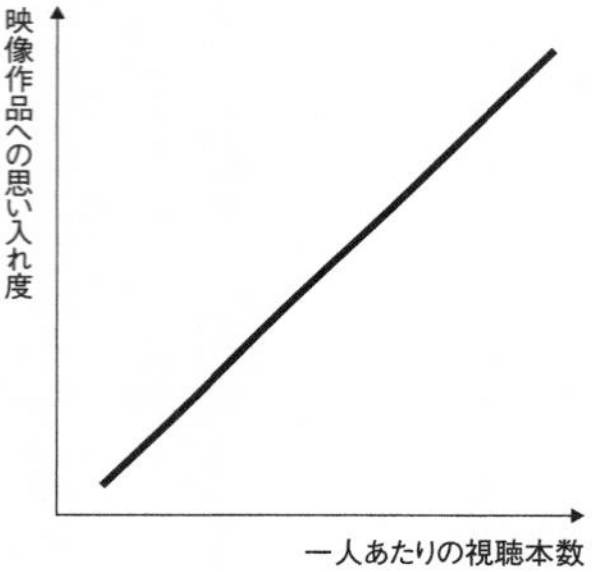

図3　動画配信サービス普及以前

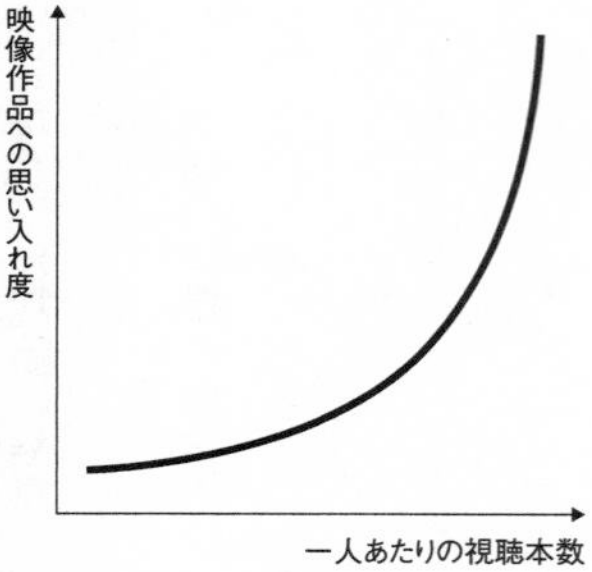

図4　動画配信サービス普及以降

動画配信サービス登場以前、映像を自宅で視聴するコストは高かった。無料で観られるのは基本的にＴＶの地上波放送だけ。ＢＳにしろＣＳにしろ月額数千円を支払う必要があったし、ＶＨＳレンタルやＤＶＤレンタルには、１本ごとに数百円のレンタル代がかかった。借りに行き、返しに行く手間もあった。それだけのことをしなければ、映像作品は観られなかったのだ。

だから、たくさんの映像作品を観る人というのは、それだけの金銭的・時間的コストを払う覚悟のある人＝映像作品にそれなりの思い入れのある人だった。その状況は正比例の直線グラフで表される（**図3**）。

しかし、大したコストをかけずに大量の作

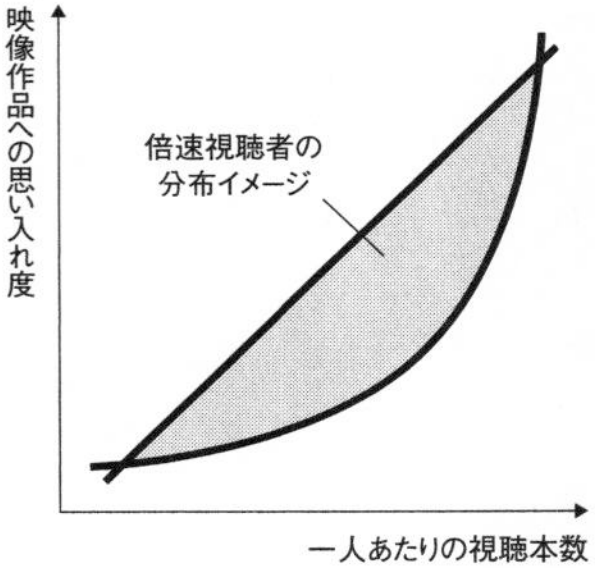

図5　倍速視聴者の分布イメージ

品が観られる環境が整うと、どうなるか。それほど映像作品に思い入れのない人でも、本数だけは観るようになる。これは大きく湾曲した曲線グラフで表される（図4）。

そして、2つのグラフを重ね合わせた際のギャップ、囲まれた部分がこれすなわち、「倍速視聴する可能性のある集団」の直感的な分布イメージだ（図5）。彼らが「倍速視聴は作品に対する冒涜ではないか？」などという罪悪感を抱くことはない。

10数年前、筆者が編集者の大先輩から賜《たまわ》った言葉を思い出す。

「本当に読ませたい原稿は、無料配布のフリーペーパーに載せてはいけない。安くてもいいからきちんと値段をつけろ。人はタダで手に入れたものを大切に扱わないから」

「もう1回観ればいいじゃん」

映画館での映画鑑賞は1回勝負。気を抜いたり居眠りをしたりして重要なセリフやシーンを見落としたら、取り返しがつかない。DVDレンタルも、返却してしまえば見返すことができない。

しかし定額制動画配信サービスは、配信ラインナップから取り下げられない限り、いつでも、何度でも観られる。もちろん視聴ごとの追加料金は発生しない。

ただ、いつでも観られると思えば思うほど、視聴時の集中力は下がる。

ゆめめ氏は、飛ばした10秒の中に重要な描写やセリフが含まれていても支障はないと言い切る。

「それが本当におもしろい作品だったら、もう1回観ればいいじゃんって思います。保険かかってる感、かな」

定額制でなければ、そういう気持ちにはならないだろう。

Gさんの〝話ごと〟飛ばしも、動画配信サービスの特有の全話一括配信あってこそ可能になった視聴スタイルだ。

毎週1本ペースで放映される地上波ドラマやアニメと違い、オリジナルシリーズや話題の海外ドラマは、全話一括配信されるものも多い。たとえば『愛の不時着』は2020年2月23日に全16話が、『梨泰院クラス』は2020年3月28日に全16話が、『イカゲーム』は2021年9月17日に全9話が一括配信された。国内作品でも『今際の国のアリス』が2020年12月10日に全8話が、山田孝之主演で話題になった『全裸監督』もシーズン1が2019年8月8日、シーズン2が2021年6月24日にそれぞれ全8話が、一括配信されている。

すなわちリリース初日、配信された瞬間から最終話が観られる状態にある。「せっかち」「早く結末が知りたい」人たちが、途中話をすっ飛ばして最終話を観る誘惑にかられるのは容易に想像がつく。

定額制動画配信サービスは、1人でも多くのユーザーに、1円でも安く、1本でも多くの作品を、家にいながらにして楽しんでもらうべく生み出された。一昔前からすれば、文字通り夢のようなサービスである。

しかしその夢のサービスは、作品を「鑑賞」する機会を増やすよりもずっと大きなインパクトで、コンテンツを「消費」させる習慣を我々に根付かせたのかもしれない。

2時間の映画は2時間かけて観てもらう想定でできている

「残念、というか何かに負けた気分です」

1979年生まれ、取材時点で42歳の脚本家・小林雄次《こばやしゆうじ》氏は、

「もし自分の作品が早送りされたらどう思いますか?」という問いに、そう漏らした。

彼は『スター☆トゥインクルプリキュア』『ふしぎ駄菓子屋 銭天堂』などの子供向けアニメ、「ウルトラマン」シリーズをはじめとした特撮作品ほか、実写TVドラマなども幅広く手掛ける脚本家である。

小林氏は日本大学芸術学部(日芸)映画学科 シナリオ専攻の卒業生。2010年からは同学科で「映像表現・理論コース シナリオ専攻」の講師も担当しているため、脚本家の卵である同学科の学生たちとは日常的にやり取りがある。学校とは別に、若い脚本家や脚本家志望者を対象にしたオンラインサロンも主宰しているため、さまざまな世代との交流にも余念がない。先ほど「僕自身も10秒飛ばししがち」と言っていたシナリオ専攻の4年生も、彼の教え子のひとりだ。

「映像は受動的、受け身で鑑賞するもの。小説や漫画は能動的、自分のペースでページをめくるものと言われます。早送りしたり飛ばしたりする映像の観方は、映像を小説や漫画のように〝能動的〟あるいは〝主体的〟に鑑賞したいという意思の表れなのかもしれません」

しかし、と小林氏の顔が歪んだ。

「本来、２時間の映画は２時間かけて観てもらう想定でシナリオが書かれています……」

まるで、「赤信号では車を停止させなければなりません」並みに当たり前すぎる事実を、プロの脚本家が口にする。なんとも言えない気分だ。

話ごと飛ばしていいようには書かれていない

連続ドラマやＴＶアニメシリーズでは、主人公を中心としたメインのストーリーだけでなく、いくつものサブストーリーが同時に描かれる。

たとえば、主人公が登場しない場所で展開するサブキャラクターの活躍や小さなドラマ。主人公と出会う前の過去を回想形式で振り返るなど。長期シリーズの海外ドラマでは、１話分まるまるサブキャラクターをメインとする回が用意されることもある。

サブストーリーでは当然、サブキャラクターの人となりや内面も深く描かれる。しかし早送り勢からしてみれば、そういうくだりは（彼らの考える）本筋とは関係ない「寄り道」だ。最短距離で結論に至るには邪魔な存在でしかない。もしそれが丸々1話分も割いて描かれていたら、速攻で〝話ごと飛ばし〟の対象になるだろう。

小林氏は困惑する。

「サブプロット（プロット＝筋立て、構成。ストーリーの要約）も含めてのメインプロットですからね。本来、メインプロットとサブプロットは分離するものじゃなくて、同時に走らせるものなんですよ。ここからメインプロット、ここからサブプロットと明確にわかれているわけじゃない。密接に絡み合っているんです。だから、ある話を丸々飛ばすということは、メインプロットも飛ばしていることになる」

小林氏は石原さとみ主演、野木亜紀子《のぎあきこ》脚本のドラマ『アンナチュラル』（TBS系、2018年1〜3月）を例に出した。

「1話ごとに事件が解決する構造なので、一見すると全部の話を律儀に観なくてもいいように思えますが、もちろんそうじゃない。登場人物それぞれが過去や謎を抱えていて、話ごとに小出し小出しで背景が少しずつ明らかになるシナリオなので、途中1話を飛ばしちゃうと、それが崩れてしまうんです。全体を貫く大きなプロットと、1話1話の事件のプロットをうまく並行させている。見事なシナリオです」

〝冗長なシーン〟の10秒飛ばしについては、どうか。

「シナリオの肝って緩急なんですよ。グッドニュースとバッドニュースが交互に来るとか、一気呵成《いっきかせい》にしゃべったら相手が黙り込んでしまって、あれ？　どうしたの、なんで黙っちゃったんだろうと観客を不安にさせるとか。そうやってフック（引っかかる要素）をシナリオ上で常に用意することで波を作り、観客をグッグッと引っ張っていく」

脚本家が周到に用意した〝緩〟の部分を、視聴者が自在に改変しながら観るのが、すなわち倍速視聴や10秒飛ばしだ。ここにおいて、脚本家の意図は無視される。

ただし、逆のパターンもある。シナリオのせいで倍速視聴が促進されているという側面だ。

＊1　フィールドワークス／映像メディア総合研究所「動画配信ユーザー実態調査2021」2021年8月30日のリリースより。

＊2　すべて2022年2月現在の料金体系。

第2章

セリフで全部説明してほしい人たち

——みんなに優しいオープンワールド

CHAPTER.2

「嫌い」と言ってるけど本当は好き、が通じない

状況やその人物の感情を1から10までセリフで説明する作品が、近年増えてきた。「なんでもセリフで説明されていて、作品の余白部分が少ないと感じます。しかもそのセリフというのが、わかりにくい洒落た言い回しではなく、わかりやすくて安直」(大学4年生)。

そうした作品に慣れた視聴者は、セリフとして与えられる情報だけが物語の進行に関わっている、と思い込むようになる。

それゆえに、彼らの理屈はこうだ。

「倍速でもセリフは聞こえている(もしくは字幕で読めている)んだから、ストーリーはわかる。問題ない」

一方で、人物が登場しなかったり、沈黙が続いたりするようなシーンは、物語が進行していないとみなされ、10秒飛ばされる。

本来、10秒間の沈黙という演出には、視聴者に無音の10秒間を体験させるという演出意図がある(はずだ)が、第1章で見た通り、そのような作り手側の意図は届かない。

『ドラえもん』などのファミリーアニメ、『交響詩篇エウレカセブン』などのSFアニメほか、実写映画やドラマの脚本、ゲームシナリオを手掛ける脚本家の佐藤大《さとうだい》氏は、こう嘆く。

「口では相手のことを『嫌い』と言っているけど本当は好き、みたいな描写が、今は通じないんですよ」

近い話は、筆者も聞いたことがある。とある作品のワンシーンで、男女が無言で見つめあっているが、互いに相手から視線を外さない。明らかに好意を抱きあっている描写だ。しかしある視聴者は、それが相思相愛の意味だとわからず、誰かから教えられると、こう反論した。

「でも、どっちも『好き』って言ってなかったから、違うんじゃない？　好きだったら、そう言うはずだし」

暗喩《あんゆ》や皮肉や寓意《ぐうい》を理解できない人はTwitterなどでもよく観察される。たとえば、ある時代錯誤な発言をした著名人に対して、誰かが「こいつ、昭和の人間かよ」という皮肉をツイートする。すると「え？　彼の年齢からして昭和生まれではないですよね」というリプが届く。

とりわけ珍しい光景ではない。

製作委員会が「わかりやすくしろ」と言う

アニメーション映画『この世界の片隅に』（2016年）などのプロデュース会社・ジェンコの代表取締役・真木太郎《まきたろう》氏によれば、説明セリフの多い作品が増えた理由のひとつは、製作委員会（製作費を出資する企業群）で脚本が回し読みされる際、「わかりにくい」という意見が出るからだ。

なぜ製作委員会は、そこまで「わかりやすさ」を求めるのか。

「観客がわかってくれないんじゃないかって、不安なんだろうね。本来、セリフで説明しすぎると白けちゃうから、多少わからなくても映画に集中させるほうがいいし、僕個人としては、わかりやすくすることだけが作品を良くする解決策だとは、まったく思わない。ただ、『わかりにくいから直してほしい』と言ってくる委員会メンバーが多いのは事実」

真木氏は、押井守《おしいまもる》監督の『機動警察パトレイバー　the　Movie』（1989年）や今敏《こんさとし》監督の『千年女優』（2002年）をはじめ、30年以上にわたる商業作品のプロデュース経験がある。それだけに、「TVドラマはもちろん、映画に関しても、説明セリフの多い作品が20年前、30年前と比べて圧倒的に増えた」との言葉には、重みがある。

佐藤氏は、そんなオーダーに対してどうしているのか。

「『説明しないとわかりにくい』って言われちゃうことについては、基本的には敗北感しかない。でも、僕ははっきりと言います。〝わかりやすくしてください〟は〝おもしろくしてください〟と、イコールではないですよって。『多少おもしろくなくなってもいいから、わかりやすくしてくれ』というオーダーなら、筋が通っているので聞きますけど」

わかりやすくした結果、どうなるのか。

「勢いがなくなります。それは当然で、全部説明しちゃったら、観ている人の思考がそこで止まっちゃうから。やや理解が追いつかない程度、多少視聴者を置いていくくらいじゃないと、勢いが出ない。脚本はどっちでも書けるけど、じゃあどっちを取りますかって話をします」

そんなオーダーをされるまでもなく、最初から説明的なシナリオを書いてくる脚本家も多い。小林雄次氏も言う。

「最近の作品をたくさん観ている脚本家が、先回りして説明的なシナリオを書いてくる傾向はあると思います。彼らはわかっているんですよ。今の最先端のシナリオでは親切にセリフで説明すべきである、という〝正解〟が」

「わかりやすいもの」が喜ばれる

「わかりやすいこと」が礼賛《らいさん》される世の中だ。極端で煽情《せんじょう》的な意見を歯切れよく短いセンテンスで叫ぶ者は、ネット上でフォロワーを集めやすい。

ブロガー・実業家の山本一郎《やまもといちろう》は、メンタリストＤａｉＧｏが２０２１年８月に自身のＹｏｕＴｕｂｅチャンネルで「ホームレスに存在価値はない」と発言して炎上した際、ＹｏｕＴｕｂｅという媒体の仕組みを「『より過激なことを言って、動画視聴数を稼いだもの勝ち』という『教祖ビジネス』を促進する側面があります」とした上で、こう続けた。

「この手の『教祖ビジネス』というものは、それらしい知識を新書や学説から漁り、本人の言葉で分かりやすく、視聴者の目線まで下げて断定的な物言いで語ることで信者をかき集めるのが基本です。必ずしも、教祖は扱うテーマについて詳しくなくても構わないのが特徴です。必要なのは、分かりやすく、断定することで、わかってる感、理解してくれている感を醸《かも》し出し、疑いを抱かせず『俺を信じてついてこい』とやることです[*1]」

なお、ＤａｉＧｏ氏のＹｏｕＴｕｂｅチャンネル登録者数は、炎上から6ヶ月が経過した２０２２年2月時点でも約２３０万人をキープしている。

一部のオンラインサロンもそのような構造で成立している。サロン主は課金したメンバーを対象に、極端で煽情的な意見を歯切れよく短いセンテンスで叫び続ける。その状況は課金者だけのクローズドな場で展開するため、反対意見やツッコミといったノイズが外野から入りにくい。寄り道なく、最短距離で「答え」を授かることができる。

ある論点、ある問題提起に対して賛否たくさんの意見が並べられている状況は、それだけでわかりにくい。不快の原因となる。余計なノイズを除去し、シンプルでわかりやすい正解をひとつだけ用意する者や場所に、人は集う。

同じように、わかりにくさを排した映像作品にも人が集う。

より短く、より具体的に

「短くする」のは、わかりやすさへの近道だ。

２０１０年代初頭から爆発的に普及したＴｗｉｔｔｅｒ。その１４０字制限は、「できるだけ短く、シンプルに、誰にでもわかる言葉で、結論を最速で届けるべし」という流儀を、10年かけてネット空間に植え付けた。無論、ネット空間が言論空間のすべてではないが、多くの人にとって、もっとも身近な言論空間であることは確かだろう。

PVを稼ぐ目的のネット記事が「結論を1行目に書け、タイトルにひねりはいらない、一言に要約できる内容にしろ」を金科玉条《きんかぎょくじょう》としているのは、よく知られた話。

LINE社が運営する「ライブドアニュース」には、たかだか数百字の短いニュースにすら「ざっくり言うと」という3行の箇条書きサマリーが冒頭にくっついている。

ベストセラーや話題書の内容を要約するサービスも乱立している。「本1冊の内容を300字でサクッとチェック」「5分で読める分量にサマリー」「忙しいビジネスマンにうってつけ」。そんな売り文句が並ぶ。

昨今では出版社が、自社が刊行する書籍のサマリーを公式に用意する。日々多忙な書店員に内容を知ってもらうためだ。「サマリーでは作品の奥深さは到底伝えられない」などという理想論は、出版の現場ではほとんど意味をなさない。毎日大量に刊行される書物の洪水の中、特定の1冊を手に取って棚の良い位置に並べてもらうには「とっかかり」が必要不可欠。それが一般読者に対してだけでなく、本に関わるプロである書店員に対しても必要になっている時代なのだ。

「説明セリフの多さ」と「できるだけ短くシンプルに」は一見して相反しているように見える。しかし、いかようにも解釈の余地があるカオスな事象を、誤解なく、一意的に、わかりやすく単純化するという意味においては、実は同じことだ。

その好例がライトノベル（ラノベ）のタイトルだ。

ラノベの定義については諸説あり、ジャンルや傾向によっては「ファンタジー小説」「ライト文芸」「新文芸」といった呼び方も存在するが、ここでは「漫画やアニメ調の挿し絵や表紙を採用し、純文学に比べて読みやすさと娯楽性が特徴的な小説」くらいにしておこう（「若年向け作品」と定義する場合もあるが、現在のライトノベル読者は若年層に限らない）。

ラノベの売り場を眺めると、やたら長いタイトルのものが目立つ。タイトルが内容を直接的に説明することで、あらすじの役割を果たしているのだ。以下はどれもここ10年以内の人気作だ。

『ダンジョンに出会いを求めるのは間違っているだろうか』
『転生したらスライムだった件』

『幼なじみが絶対に負けないラブコメ』
『乙女ゲームの破滅フラグしかない悪役令嬢に転生してしまった…』
『魔王学院の不適合者　～史上最強の魔王の始祖、転生して子孫たちの学校へ通う～』
『たとえばラストダンジョン前の村の少年が序盤の街で暮らすような物語』

消費者が誤解する余地のない、これ以上なく親切な〝商品説明〟である。「本文を全部読んではじめて、タイトルに込められた深い意味が理解できる」などという設計は、プロダクトとして完全にＮＧなのだ。

『大豆田とわ子と三人の元夫』の苦戦

佐藤氏によれば、物語が説明過多だと視聴者の思考が止まる。逆に言えば、説明セリフを執拗《しつよう》に求める人は、映像作品の視聴時に行間を読んで思考を働かせるという発想を最初から持たない。
彼らにとっては、具体的・明示的に描かれるセリフと、誤読の起こりようのない記号的なテンプレ芝居がすべてなのか？

「そもそも、なぜ文字ではなく映像で作るかというと、役者の発するセリフだけじゃない、醸し出された雰囲気や、言語化しにくいメッセージを表現に込めたいからですよ」とは真木氏の弁。

ドラマ好きやコアな映画ファンからも高い評価を得た、松たか子主演、坂元裕二脚本のドラマ『大豆田とわ子と三人の元夫』（フジテレビ系、2021年4〜6月放映）。松たか子演じるとわ子が、オダギリジョー演じる小鳥遊《たかなし》と別れるくだりでは、とわ子が別れを告げるシーンを一切描いていない。とわ子が自宅で小鳥遊に切り出す直前でそのシーンが終わり、時間がジャンプして、次のシーンはもう屋外。そこで二人が別れのハグをする。その間に一体どんなやり取りがあったのかを、視聴者に想像させる作りになっている。

『大豆田とわ子〜』は同時期放映のドラマの中では頭ひとつ抜けて絶賛されていた。マシンガンのような早口会話が炸裂する一方、本当に大事なことは誰ひとり、何ひとつ直接的なセリフでは発さない。暗喩や寓意、本当の心情とは逆の発言、あるいは大事なくだりをあえて描かないことで、視聴者にことの重大さを知らしめる高等テクニックがてんこ盛り。1話ごとにオチがついている軽妙なコメディ作品ながら、全10話のどの回を欠いても最終回のカタルシスが不完全になってしまう精密な構成が光っていた。

要は、倍速視聴や10秒飛ばしや話飛ばしには、まったく向かない作品だったのだ。

そのこととの関連性は不明だが、同作は評価の高さに反して視聴率で苦戦した。

世帯視聴率は初回7・6％、最終回5・7％、平均で6・1％に留まった（ビデオリサーチ、関東地区）。13〜49歳を対象にしたいわゆる「コア視聴率」の最終回週で他のドラマと比較しても、1位『ドラゴン桜』（18・4％）、2位『リコカツ』（17・8％）、3位『着飾る恋には理由があって』（16・4％）、4位『恋はもっとDeepに―運命の再会スペシャル―』（13・3％）に次ぐ5位の11・8％（CCCマーケティング、関東エリア）に甘んじている。

絶大な高評価に視聴率が追いついていない理由として、「内容が難解」を挙げる分析記事がいくつか散見されたことは、ここに付記しておく。

しかし「難解」の定義とは一体？

自分の頭が悪いことを認めたくない

言葉による直接的な説明がない物語は、観客がその解釈を自分の頭で考える必要がある。

「当然、人によって受け取り方はさまざまになるけど、それでいいんです。受け手には〝作品を誤読する自由〟があるんだから。誤読の自由度が高ければ高いほど、作品の奥が深い。……というのは、僕の意見だけど」（真木氏）。

しかし、セリフで全部説明してほしいタイプの観客は、誤読の自由を満喫しようとはしない。その自由度を奥の深さとは受け取ってくれない。不親切だと怒り、不快感をあらわにする。

「全員が全員ではないけれど、やっぱり観客が幼稚になってきてるんだと思う。楽なほうへ、楽なほうへ。全世界的な傾向だよね。全部説明してもらって、はっきりさせたい。自分の頭が悪いことを認めたくない。だから、理解できないと作品のせいにする」（真木氏）

ライターの武田砂鉄《たけださてつ》による著書『わかりやすさの罪』には、劇作家・演出家の鴻上尚史《こうかみしょうじ》のぼやきが紹介されている。鴻上が「最近の演劇の観客はずいぶん変わってきた」と言うので、武田がどう変わったのかを聞いたところ、鴻上は困ったようにこうつぶやいた。

「芝居が終わってから、結局は誰が悪者なのですか、って真顔で聞くんだよ」[*2]

映画やドラマでも似たような光景が繰り広げられている。考察サイトやネタバレサイトが人気なわけだ。

ただ、真木氏の言う「幼稚化」には反論もある。

「僕たち若年層が幼稚化したと言われても、それは致命的に教育を失敗したという客観的事実の現れではないですか。僕らは幼児期からの文化・芸術教育がまったく足りていなかった。その僕らを育てたのは、間違いなく僕らよりひと回りもふた回りも上の世代です」（日芸・映画学科　シナリオ専攻／男性、４年生）

真木氏の発言は若年層だけを念頭に置いたものではない。にもかかわらず、彼が「自分たち世代がバカにされている」と受け取ったことは引っかかる。

ＳＮＳで「バカでも言える感想」が可視化された？

ただ、「昔よりも観客が幼稚化したから、作り手はそれに合わせて説明過多の作品を量産するようになった」と結論づけるのは、早計だ。そうではなく、昔も今もある程度の〝幼稚な観客〟の比率は変わらず、単に彼らの上げる声が目立つようになっただけ、だとしたら？

ＳＮＳが〝幼稚な観客〟の声を単に可視化しただけなのだとしたら？

20年前、30年前にも、〝幼稚な観客〟はたくさんいたはずだ。しかし当時は、彼らが「理解できないことを作品のせいにする」手段が、世の中に存在していなかった。

２０００年代初頭から、ブログや匿名掲示板などはあったが、まだまだ一部の人間が能動的に読みに行くものであり、まとまった数の〝民意〟にはなりえなかった。それが２０００年代後半以降、Ｔｗｉｔｔｅｒをはじめとした ＳＮＳが誕生・普及したことで、どんな人も分け隔《へだ》てなく、無料で気軽に、作品の感想をつぶやけるようになった。

そこでもっとも言いやすいのが、「わかんなかった（だから、つまらない）」だ。論理的な説明やエビデンスがいらない。そんな話を、映画宣伝マンの知り合いに投げてみたところ、毒舌家の彼は言った。「バカでも言える感想ですね、それ」と。

かつては可視化されていなかった〝幼稚な観客〟、あるいは〝思考を止めている観客〟でも言える程度の感想が、不特定多数に向けて爆発的な拡散力で可視化されるようになった。そこに相応の人数が同調し、まとまった数になって製作委員会や制作スタッフの目に飛び込めば、彼らがその〝民意〟を完全に無視することはできないだろう。結果、「わかんなかった」と言われることを恐れるあまり、脚本の説明セリフが多くなっていく。

とある40代の脚本家は、過去に経験した脚本会議のエピソードを教えてくれた。別の脚本家が書いた連続ものの作品のシナリオに、以前の放送回で説明した内容と同じことが書かれていた。気になった彼が監督に重複している旨を指摘すると、こう返された。
「我々が思っている以上に視聴者は忘れていますから、大丈夫です。誰も重複なんて気にしませんよ」

「おもしろい」と言うのは勇気がいる

とはいえ、SNSで発信される作品の感想は、ネガティブなものばかりではないはずだ。「おもしろい」が「わかんなかった」を相殺《そうさい》するほど多ければ、製作委員会は〝幼稚な観客〟に忖度《そんたく》する必要もなかろう。

しかし、佐藤氏は言う。

「ネットで〝おもしろい〟って声をあげるのは、勇気がいるんです。絶対に否定されないような、あらゆる人が傑作と認めている〝勝ち馬〟にしか、〝おもしろい〟って言えない空気がある。誰も評価しない〝負け馬〟に乗っていることに謎のプライドを持つ昔のオタクとは、真逆なんですよね」

たしかに、そうだ。ネットで声高に賛成意思を表明するのは、リスクが高い。2021年

4月、大阪・西成《にしなり》区の新今宮で女性ライターが「ホームレスとデート」した美談記事[*3]が、公開直後に多くのネット著名人によって絶賛されたが、「ホームレスを美談でコンテンツ化している」「行政が執筆を依頼したPR記事であることがわかりにくい」といった理由で炎上するやいなや、絶賛した彼らは一斉に沈黙。やがて「あの記事を絶賛した奴は誰だ」という狩りが始まった。

著名人が大昔に「いいね！」を押したSNSの投稿がヘイト発言だったことで、のちに謝罪する羽目になったケースもある。

「作品に賛同するよりも、クレームを言うほうがマウントを取れます。〝こんなわかりにくい作品をつくりやがって〟と憤《いきどお》ることで、被害者になれる。しかも被害報告はネット上で賛同を得やすい」と佐藤氏。

SNSの誕生によって、どんな民度、どんなリテラシーレベルの人間も、事実上ノーコストで、ごく気軽に「被害報告」を発信できるようになった。それが、多くの人に「わかんなかった（だから、つまらない）」と言われない、説明セリフの多い作品を生みだした可能性は高い。

アニメが説明過多になる理由

説明過多なTVアニメが増えた理由として考えられるのが、小説投稿サイトの存在だ。

小説投稿サイトとは、誰もが自作の小説を公開できるサイトのこと。主だったところでは、「小説家になろう」ほか、「カクヨム」「アルファポリス」「エブリスタ」など。読者からの感想や評点はリアルタイムで可視化され、ランキングによって人気作がひと目でわかる。出版社が新人発掘を目的に運営するケースもあり、2010年代以降は特に勢いを増した。

小説投稿サイトに投稿された作品が書籍化される場合、先述したライトノベルに分類されることが多い。

そして、それら小説投稿サイト出身のラノベ作品がTVアニメ化されるケースが、ここ数年増えている。ラノベ読者と深夜帯・青年向けアニメ作品の視聴者は、属性や嗜好《しこう》が近いからだ。博報堂DYメディアパートナーズ メディア環境研究所・森永真弓氏は言う。

「昔、小説家が読者から感想をもらう手段は手紙でした。ですから、作家の創作スタンスを迷わせるようなものは、編集者が作家本人に見せないようにすれば済みました。でも小説投稿サイトの作家は、サイトあるいはＴｗｉｔｔｅｒなどで読者から直接感想が届きます。その数は手紙の比ではありません」

そこには当然、「わかんなかった（だから、つまらない）」といったネガティブかつ安直な内容も、たくさん含まれている。

「人気作家であればあるほど、〝説明不足だ〟〝理屈が通ってない〟といった鋭い突っ込みを受けたり、叩かれたりということを多く経験しています。すると作家としては、『次の作品こそ、つつかれどころのない作品にするぞ』という気持ちになりやすいので、作を重ねるごとに作品がどんどん説明過多になっていく場合もある。それがアニメ化されれば、当然、説明セリフも多くなります」（森永氏）

小林氏も「ラノベ原作に忠実にアニメ化しようとすればするほど、シナリオも説明的になる」と同意する。

さらに、スマホゲーム原作のＴＶアニメについても同様に説明過多の傾向が見られる。

「アニメ作品の出資元であるゲーム会社の最終目的は、ゲームをダウンロードしてプレイさせること。彼らにとって、アニメ本編はゲームのチュートリアル（入門的な位置づけ）であることが多いですから、説明的にならざるをえません。要するに、1クール12話なり13話な

りをかけて、自社のゲームを理解し興味を持ってもらえるコミュニケーションをしているんですよね」（森永氏）

迎合主義か、サバイブか

ラノベについて、もう少し深掘りしておこう。

ある大手出版社の編集者で、ラノベ作家の発掘や書籍化を担当する編集者・X氏も、説明セリフが多いことについては同意見だ。同氏によれば、小説投稿サイトの中でも花形ジャンルである「なろう系」作品は、毎日あるいは2、3日程度の短いタームで頻繁に更新しないと読者がつかない。なお、「なろう系」とは、平凡な主人公が異世界などに転生し、突如大活躍するタイプの物語類型の俗称。「小説家になろう」発の作品にその傾向が強かったことに由来する。

「すべての作品がそうとは言いませんし、読者サイドのリテラシーも上がってきてはいますが、やはりまだまだ説明が少ないと〝不親切だ〟と感じて読みに来てくれません。すると作品にポイントがつかないので、サイト内で作品のランキングが上がらない。上げるためには読者の期待に応《こた》えるしかないんです。書き手はアマチュアなので、編集者がついているわけじゃない。だから読者から感想が届くたびに、読者の望む通りに書いてしまう」

読者や視聴者に楽しんでもらうのがエンタテインメントの目的だとしても、読者が要求するものをただそのまま供給するのは、ただの迎合主義だ。不倫報道で売上部数を伸ばそうとする週刊誌や、中身はなんでもいいからとにかくPVを稼ごうとするネット記事と、さほど変わりない。

とはいえ、綺麗事を言ったところで誰も読んではくれない。彼らの目的は崇高な芸術家を気取ることではなく、書いた小説をひとりでも多くの人に読んでもらい、称賛を浴びることなのだから。

ライターの飯田一史《いいだいちし》は著作『ライトノベル・クロニクル　2010-2021』で、「小説家になろう」出身作家である津田彷徨《つだほうこう》の記述を引いている。

「なろうでランカー（ランキング上位者）になるためには、文字数、投稿時間、投稿回数、一話当たりの内容、トレンドの採り入れ方などで、きめこまやかなテクニックを駆使したほうが望ましい[*4]」

書き手として生き残るためには、これらと並ぶマーケティングの一環として、読者の言うことには耳を傾ける必要がある。この場合、読者というより消費者と呼んだほうがよいのかもしれないが。

『鬼滅の刃』と『シャレード』

ライトノベル原作ではないものの、序章でセリフが説明過多であると指摘したTVアニメ版『鬼滅の刃』については、小林氏も脚本家の卵たちも、「絵で見てわかることがそのままセリフになっている」点において違和感が強い、と口を揃える。

「僕がシリーズ構成をやっている作品でもしあの脚本があがってきたら、会議で必ず『ちょっと説明過多じゃない？』って言います。あそこまで説明しなくても原作の良さは十分出せると思うので」（小林氏）

具体的にはどうするのか。

「落下した炭治郎が雪のせいで助かったくだりをそのまま生かすにしても、せめて落ちた瞬間は周囲の状況を見せない。足を滑らせた炭治郎に『落ちた、僕はもうダメだ。死んでしまう！』みたいな表情をさせたあと、ドサッと落ちて『あれ？　助かってるぞ、なんでだ？』

となってから初めて周囲の雪を見せる。そこで初めて『そうか、雪のせいで助かったんだ……』と気づかせる。そんなふうに間や緩急をつけたいですね。『助かった、雪で』というセリフのみで済ませてしまうと説明でしかないのですが、説明をドラマにするのが脚本家の仕事です」

たしかに、この描写ならセリフは一言もいらない。

「シャレード」というシナリオ用語がある。オードリー・ヘプバーン主演の映画『シャレード』（1963年）に登場するジェスチャーゲームを由来とする言葉で、「間接表現」のことだ。目で見てわかることは、いちいちセリフにしなくていい、すべきではないという理論である。

古典的名作『ローマの休日』（1953年）にも「シャレード」が使われている。オードリー・ヘプバーン演じるアン王女が各国の要人たちと次々握手・挨拶をするが、明らかに退屈している。ただし、「ああ、退屈だわ」といったセリフやモノローグは言わせない。その代わりに、カメラが彼女のドレスの中、足元を撮る。彼女はうんざりして足をモジモジさせ、片方の靴を脱ぎ、足が靴を見失う。やがて着席時に靴をスカートの外に置いてきてしまうのだ。

このシーンはアン王女がだらしないと言いたいのではなく、彼女が退屈していることを、セリフを使わずに表している。これがシナリオ技術というものだ。しかし「好きだったら、そう言うはずだし」と口にする視聴者が、どこまでその意図を解せるか。

「脚本」クレジットがない⁉

ところで、小林氏から「『鬼滅の刃』には脚本家クレジットがない」と聞いて驚いた。たしかにＴＶシリーズ第１話のエンドクレジットを確認してみると、「シリーズ構成・脚本：ufotable《ユーフォーテーブル》」となっている。ufotableとは同作の制作会社。個人名ではなく会社名だ。

それの意味するところは、ここでは掘り下げない。ただ少なくとも、小林氏のように名の立ったフリーランスの脚本家がシナリオを書いていないことだけは確かだ。そして、原作コミックスのセリフをなるべく忠実に「脚本化」はしているものの、「脚色」の度合いが低いという傾向はうかがえる。

なお、２０２０年10月に公開されて大ヒットした『劇場版 鬼滅の刃 無限列車編』も、公式サイトの記載によれば「脚本制作：ufotable」となっている。同作は原作コミックス７巻と8巻の内容を忠実に劇場用アニメ化したものだ。

小林氏によれば、1996年から放映されている長寿アニメ『名探偵コナン』も、TVシリーズの原作に沿った回、つまりアニメオリジナルエピソード回以外は、『鬼滅の刃』と同様に脚本家が存在しない。かつては原作に沿った回にも脚本家がいたが、それはアニメの放送開始当初の話だ。たしかに公式サイトでは「ストーリーエディター（複数の脚本家のまとめ役、シリーズ構成）」や「原案協力」の役職はあっても「脚本」の記載がない。

原作漫画のセリフ回しに極力忠実に映像化することの是非は、ここでは問わない。ひとつ言えるのは、昨今は映像化によってセリフなどを〝改変〟すると、それが適切な脚色の範囲内であっても、原作ファンが「原作レイプ」などと不満の声を上げるケースも見受けられるということだ。そういったリスクを根本から断つには、「原作どおり」が無難である。

スタジオジブリ作品で監督助手の経験もあるアニメーション監督・宮地昌幸《みやじまさゆき》は、個人のnoteでアニメ業界の原作忠実主義について以下のように書いた。

「昔のように原作マンガをアニメ版に改変したりする作り方ではなく、そのものをアニメというジャンルに変換する。『ガワに落とし込む』『外見を整える』作り方が増えてきた」「監督に独自の原作解釈も思想性も求められてはいないし、演出的改変など以《もっ》ての外《ほか》、むしろ原作をなるべくそのままシリーズ構成化し、アニメにトランスレーションする事を求められたりする」[*5]

なぜテレビはテロップがやめられないのか

説明過多といえば、ＴＶのバラエティ番組や情報番組だ。今は何のコーナーが進行中で、何が行われているか。次に登場するタレントは誰か。そういったインフォメーションが、常に画面の上部・下部・四隅にテロップとして出ている。情報の洪水。

しかし、これにも理由がある。

「テレビマンは常に、同じ放送時間帯の他番組や、番組全体として視聴率が良い番組を、非常に細かい時間単位に区切って研究しています」（森永氏）

ここで重要なのが、彼らは視聴率が上がるのはいろいろな要素が複合的に作用していると考えるが、視聴率が下がるのは自分たちの責任だと考える点だ。

つまり、今までチャンネルＡを見ていた視聴者がチャンネルＢに変えた場合、チャンネルＢで観たい番組があったからなのか、たまたまザッピングした結果Ｂに行き着いただけなのかはわからない。しかし、「チャンネルAのほうがつまらないと思って離脱した」のは確実である。

結果テレビマンは、「なぜ視聴率が落ちたのか」を特に研究することとなり、「最初からいた視聴者を、とにかく取りこぼさない」「番組の途中でやって来た視聴者は、絶対に逃さない」ための対策を講じるようになる。

ここでテレビマンたちは、あることに気づいた。視聴者は、いま何が行われているかわからないと、再びチャンネルを変えて去ってしまう。それを防ぐには、テロップを常に表示させておいたほうがいい、ということに。それがいくら説明過多だったとしても。

それに、常にテロップで説明されていれば、ＴＶをぼんやり見ている、あるいは家事などをしながらテレビを見ている視聴者がふと画面に意識を向けたとき、すぐ内容に追いつける。

「しかも、あれだけ画面を文字情報で埋め尽くしても、意外と視聴者は情報過多だとは感じず、問題なく番組を見続けられることも視聴者調査によって判明しています。結果、各局・各番組がマネをして、どの番組も似たような画面になっていきました」（森永氏）

もうひとつ、現在の日本には「ＴＶの置いてある居間」と「料理と食事をする台所」が完全に分離している間取りが主流ではなくなり、リビングとダイニングキッチンが一体化した間取りが増えた。つまり誰かがダイニングで料理や水仕事をしていると、リビングのTVは音が聞き取りにくい。また、料理をしながらテレビを見る人も少なくない。

その際、テロップは大いに役立つ。シンクに水をジャージャー流したり、フライパンでジュウジュウ焼いたりしてTVの音声がかき消されても、番組が楽しめるからだ。家族と同居しているある大学生は「テレビはリビングにあるので、他の家族の生活音が入り込んでくる。そのため、ほとんど字幕で見ている」そうだ。ここで言う字幕とは地デジの字幕放送のこと。本来は聴覚障害者や高齢者向きの機能だが、この大学生はテロップとして利用しているわけだ。

昨今では、『出川哲朗の充電させてもらえませんか?』(テレビ東京系、土曜夜7時54分〜)のように、出演者の発言を一言一句《いちごんいっく》漏らさずテロップですべて表示する番組すらある。土曜の8時台、夕飯後の洗い物中にもちゃんと内容がわかる親切設計だ。

わかんなかった(だから、つまらない)

テレビをつけて目にする番組が情報過多なものばかりになれば、視聴者もすべてが説明されている状態に慣れる。慣らされる。それが普通だという感覚になる。

第1章に登場した大学生たちに、説明過多の風潮をどう思うかと聞いたところ、その多くは「言われてみればそうかもしれないが、特に意識したことはなかった」「へえ、これは説明が多いんですね。新しい気づきを得ました」といった反応を示した。ピンと来ていないのだ。

「説明の多さに慣らされた結果、説明セリフの少ないドラマや映画を観ると、情報が少ないと感じて、物足りない気分になる。それで早送りするなり、ついスマホを見たりしてしまう」（森永氏）

実際、倍速視聴が習慣化している人はよく、「もはや普通の速度では物足りない。1・5倍か2倍くらいがちょうどいい」と口にする。

また、若年層がTV以上に親しんでいるYouTubeの企画動画は、概して地上波TV番組よりも編集のテンポが速い。間はとことん排除され、インパクトのある発言だけで埋め尽くされている。その意味では「情報密度が高い」。

その情報密度、そのテンポに慣れてしまえば、映画のワンカット長回しや、セリフなしでの沈黙芝居に耐えられなくなるのは、当然かもしれない。大学生たちが口々に言っていた

「せっかち」という言葉が思い出される。

説明セリフを求める傾向は、観客の民度や向上心の問題というよりは、習慣の問題なのだ。情報過多・説明過多・無駄のないテンポの映像コンテンツばかりを浴び続ければ、どんな人間でも「それが普通」と思うようになる。その状態で、いざ長回しの意味深なワンカット映像や、セリフなしの沈黙芝居から何かを汲み取れと言われても、戸惑うしかない。

結果、出てくる感想は「わかんなかった（だから、つまらない）」「飽きる（だから、観る価値がない）」だ。

積み重ねられた習慣こそが、人の教養やリテラシーを育《はぐく》む。抽象絵画を一度も見たことのない人間が、モンドリアンの絵をいきなり見せられても、どう解釈していいかわからない。無論、抽象絵画など鑑賞しなくても人間は生きていける。同じように、セリフのないシーンに意味を見出すことができなくても、人間は生きていける。善悪ではない。ただただ、そういうことだ。

「わかりやすさ」と「作品的野心」の両立が求められる

「時代的に、〝背伸び〟って言葉がそぐわなくなってきたのかもしれないね。わからないものを無理して観て、なんとか理解しようと努力する、みたいな気運が」（真木氏）

「無理は良くない」「自分の限界以上に頑張るのは悪」。なにやら、ブラック企業に対する強烈な嫌悪感をも連想させる。それもまた、時代の空気か。

「でも、そういう人たちを責める気はないよ。観客がどう観ようが、観客の勝手だもの。観客には〝誤読の自由〟がある。だったら、早送りだろうが、10秒飛ばしだろうが、観る速度の自由があってもいい。もちろん、僕はそんなふうに観られる前提で作品を作ってはいないし、自分がプロデュースした作品を目の前で早送りされたら、ふざけんなって思うけど（笑）」（真木氏）

それは、諦めなのか。

「違うね。早送りしない人に向けて、これからも作るだけ。ひとつ綺麗事を言うなら、早送りして観た人が、いつかその作品を普通の速度で観ることがあって、ああ、こんないい作品

だったんだって気づく、みたいな美談は、正直期待したいよね」（真木氏）

かつての筆者が経験したことだ。

佐藤氏は、作品の作り方を根本から変える必要がある、と考えている。

「説明セリフを入れざるをえないのは仕方がないとして、脚本家としては、それとは別の部分に違うものを入れる、という戦い方をしなければいけないと思うんですよ。たとえば、『逃げるは恥だが役に立つ』（ＴＢＳ系、２０１６年10～12月放映）や『ＭＩＵ４０４（ミュウヨンマルヨン）』（ＴＢＳ系、２０２０年６～９月放映）の野木亜紀子さんの脚本。すごくわかりやすくセリフで説明していながら、その背景にある社会問題や、彼女自身が追求したいテーマをしっかり入れ込んでいます。

そしてここが大事なところですが、もしリテラシーの低い視聴者が『逃げ恥』の背景にあるテーマを十分に汲み取れなかったとしても、排除された気分にはなりません。ドラマはちゃんと楽しめる。そういうふうに、脚本が書かれているんです」

リテラシーの低い視聴者に劣等感を抱かせなければ、佐藤氏が指摘したように「作品にクレームをつけてマウントを取ってくる」こともない。しかも、それでいてリテラシーの高い視聴者は、作品の奥行きを堪能できる。どちらの観客も満足させる作品づくりが求められているということか。

「NHK朝ドラの『あまちゃん』（2013年4〜9月放映）もそうでしたよね。リテラシーの高い人は細かいサブカルネタや1980年代の時代背景を掘り下げて楽しんでいたけど、それがまったくわからない人も、のんさん演じる天野アキの奮闘をただ追いかけているだけで楽しめました」

わからなければ、わからないなりに

わかる人はわかる人なりに。わからない人はわからないなりに。

たくさんのスーパーヒーローが作品ごとにそれぞれ主役を張りつつ、数十本の作品群全体として複雑なストーリーと世界観を構築するハリウッドのアメコミ原作映画[*6]は、その最たるものだ。

個々の作品を鑑賞するにあたっては、難しいことを考えず、ド派手なヒーローアクション映画として、あるいはポップコーンムービーとして、表層的な爽快感だけを目的に観ることができる。一方で、精密に構築された多くのプロットラインや込み入った謎、裏設定、社会批評的な側面などに手をつければ、文字通り永遠に楽しむこともできる。現代のアメコミ映画にはそういう懐《ふところ》の深さがあるのだ。

「物語の背景が複雑で読み解きにリテラシーが必要だとしても、とりあえず主人公だけ追いかけていれば楽しめるような作品」として、佐藤氏は2本の海外ドラマを挙げた。アメコミ原作の『ウォッチメン』（Ａｍａｚｏｎプライム・ビデオほか）と、チェスの天才少女が活躍する『クイーンズ・ギャンビット』（Ｎｅｔｆｌｉｘ）だ。

「『ウォッチメン』は約１００年前からの架空の歴史をベースにした、かなりトリッキーで練り込まれたストーリーですが、主人公の黒人女性だけを追いかけていれば大丈夫なように作られています。『クイーンズ・ギャンビット』も、米ソ冷戦・ヒッピー・ウーマンリブといった時代背景、ブラック・ライヴズ・マターや#MeTooといった現代的な社会問題をふんだんに盛り込んでいますが、とりあえずそれはいいから、主人公ベス役のアニャちゃん（アニャ・テイラー＝ジョイ）かわいい！って構造になっています（笑）」

『クイーンズ・ギャンビット』は筆者もハマった。たしかに、あれほどシンプルでわかりやすい話はない。なにせ「チェスの天才少女が強敵をなぎ倒して世界一を目指す」だけの話なのだから。物語を見失うことはありえない。

「それって、『あしたのジョー』とか『ロッキー』とか『ドラゴンボール』と一緒なんですよね」（佐藤氏）

「オープンワールド化」する脚本

かつて映像作品は、ある程度以上のリテラシーを有する観客に向けて作っていても、さほど問題にはならなかった。理解できない者の一部は勝手に背伸びをして理解に努めてくれたし、排除された客の声は可視化されなかったからだ。

しかし今は違う。一定以上の規模を有した商業作品である以上、つまり相応のビジネスサイズとマネーメイキング機能を求められているプロジェクトである以上、あらゆるリテラシーレベルの観客が満足する（誰もが気分を害さない）ものを作らなければならなくなった。否、そうでなければならない空気が、厳然としてある。それは制作者の配慮が必須、という意味で、「マイノリティの尊重」「多様性に寛容」といったポリコレ（ポリティカル・コレクトネス）を想起させるほどの作法・規範《コード》にも思える。リテラシーが低い人を差別しない、という名のバリアフリー、「みんなに優しい作品」こそが「良い作品」なのだ。

とはいえ、どのレイヤーの人間も満足させる作品づくりには、途方もない、とてつもない創作労力が必要とされる。

「オープンワールドゲームみたいなものだと思うんですよ。広大な世界観はこちらで用意しておく。好きな場所を徹底的に掘ろうと思えば掘れるし、掘らなくてもゲームは楽しめる。どういう目線でその世界を体験するかは、プレイヤーの自由です、と」（佐藤氏）

オープンワールドゲームとは、舞台になる広大な仮想世界（基本的には3D空間）を自由に動き回るタイプのゲームだ。一応目的は設定されているが、その世界でどのように過ごすかはプレイヤーの自由。昨今の著名作としては、『ゼルダの伝説 ブレス オブ ザ ワイルド』（Nintendo Switch）や『グランド・セフト・オートV』（PS4、PCなど）がある。

オープンワールドゲームは、制作者側が用意したすべての建築物や場所に足を踏み入れずとも、またすべてのイベントを体験しなくとも、一通り楽しめるように設計されている。ゲーム内で体験できていないことがあっても、プレイヤーを不快な気分にさせないのだ。

物語の作り方というものを根本的に変えねばならない。大変な時代がやってきた。

「変えた、と言えば『シン・エヴァンゲリオン劇場版』（2021年）がいい例ですよ。1995～1996年のTVシリーズから25年間、ずっと〝説明しない〟でおなじみだった庵野秀明監督でしたが、『シン・エヴァ』の終盤では、主要キャラクターが順番に登場して、心情をセリフで丁寧に説明してくれました。こんな親切な『エヴァ』は初めてです。庵野さんは常に時代に寄り添う人だから、〝今はこういうターンだ〟と思って、あえてそうしたんじゃないでしょうか」（佐藤氏）

＊1　山本一郎「メンタリストＤａｉＧｏ炎上に見る迷惑系ユーチューバーの「ビジネスモデル」という煉獄」文春オンライン、２０２１年8月19日
＊2　武田砂鉄『わかりやすさの罪』朝日新聞出版、２０２０年
＊3　しまだあや「ティファニーで朝食を。松のやで定食を。」ｎｏｔｅ、２０２１年4月7日
＊4　飯田一史『ライトノベル・クロニクル２０１０‐２０２１』Ｐヴァイン、２０２１年
＊5　宮地昌幸「【そろそろ、アニメ演出家は消滅するのかもしれない】」ｎｏｔｅ、２０２１年9月19日
＊6　マーベル・スタジオが製作する『アベンジャーズ』『スパイダーマン』『アイアンマン』など一連のシリーズはＭＣＵ（マーベル・シネマティック・ユニバース）と呼ばれ、ＤＣコミックス原作の『バットマン』『スーパーマン』『ワンダーウーマン』などはＤＣＥＵ（ＤＣエクステンデッド・ユニバース）と呼ばれる。

第3章

失敗したくない人たち

——個性の呪縛と「タイパ」至上主義

CHAPTER.3

LINEグループの〝共感強制力〟

第1章ではサブスクがもたらした作品数の多さを、第2章では作品の説明過多傾向を述べた。視聴者側に視点を設定するなら、これらは倍速視聴の外的要因である。

では、内的要因は何だろうか。彼らがそれほどまでに倍速視聴したくなる気分とは、そうせざるをえない切実な理由とは、一体何なのか。

念頭に置くべきは、「倍速視聴に積極的な人の比率は、年齢が若ければ若いほど高い」ことだ。序章で述べたように、20代から60代の男女の中でももっとも倍速視聴経験があるのは20代男性（54・5％）、次いで20代女性（43・6％）。青山学院大学のアンケートでは、2〜4年生（概ね19〜22歳）の66・5％が「倍速視聴を『よくする』『ときどきする』」だ。ゆめめ氏の「ワカモノのトリセツ」にも、倍速視聴が「若者の行動常識、マスト」とリポートされていた。

たしかに「忙しい中、友達の話題についていきたいから倍速で観る」という声は、10代から20代の若者からとりわけよく聞かれる。彼らはことさらコアな映画ファン、ドラマファン、アニメファンでもなければ、それらを大量にチェックする仕事に就いているわけでもない。なぜそこまでして、話題についていかなければならないのか。それは、若者のあいだで、仲間との話題に乗れることが昔とは比べ物にならないほど重要になっているからだ。それをもたらしたのがSNS、おもにLINEの常時接続という習慣である。

「2021年一般向けモバイル動向調査」によれば、10代の94・6%、20代の92・9%がスマホや携帯電話（ガラケー）でLINEを利用している。これは、同じSNSであるTwitter（10代の80・1%、20代の75・4%が利用）やインスタグラム（10代の68・0%、20代の63・4%が利用）を圧倒する利用率だ。[*1]

LINEの友達グループは四六時中つながっている。文字通り、朝起きてから夜眠るまで。いつでも連絡できるし、常に何かしらの反応を求められる。

とはいえ、世間話のネタがそれほど転がっているわけではない。そんな時、手っ取り早く盛り上がるのが、「あれ観た（聴いた）？　おもしろかったよ。おすすめ」だ。映画やドラマやアニメ、あるいは楽曲など。つまりコンテンツについての話題である。

このような話題を無視することは難しい。自分が話題に乗れないばかりか、反応を返さなければ波風が立つからだ。いわゆる「既読スルー」は、「その話題には興味がない」という積極的な態度表明と受け取られてしまうので、できれば避けたい。話題に出た作品はなるべく観て、感想を言う必要がある。そうしてグループの和を保つ。

大学生を中心とした若年世代にとっては、仲間の和を維持するのが至上命題。とにかく共感しあわなければいけない。博報堂ＤＹメディアパートナーズ　メディア環境研究所・森永真弓氏は、これを「共感強制力」と呼ぶ。

友達の広告化

しかも、ＬＩＮＥグループは１つや２つではない。大学内では学科内の友人だけで複数。そこにゼミやサークルやバイト先。さらに高校時代や中学時代の友人。なんなら小学校時代の友人までが、ＬＩＮＥグループで永遠につながり続ける。

だから、観なければならない本数がとにかく多い。グループが５つあれば五様の、10個あれば十様のマストチェック作品が日々提案され続ける。しかも、それは現在放映中の番組や公開中の映画に限らない。10年前の連ドラも20年前の映画も、動画配信サービスでいくらでも観られるからだ。ここにＤＶＤレンタルやＹｏｕＴｕｂｅなどで視聴可能な作品を加えれば、その数は膨大になる。

多くのグループ内で、新旧あらゆるジャンルの映像作品について「これ、おもしろかった」「これ、観たほうがいいよ」が飛び交う。本の積ん読《つどく》のように溜まっていく作品リスト、ＴｏＤｏタスク。半ば義務感として観ざるをえない。自分の内側から湧き起こる興味や欲望ではなく、グループの和の維持のために観る。だから倍速視聴で〝やっつける〟しかない。

ただ、それがおもしろければいいが、1話観ても2話観ても一向におもしろいと感じられない場合は、いいところで最終話に飛ぶ。大まかなストーリーと結末だけでも知っておけば、話には入れるからだ。

ゆめめ氏の場合はインスタグラムだが、1日に何件も「この曲いいよ」「このドラマいいよ」と友達から勧められる結果、「聴かなきゃ、観なきゃ」という気持ちが煽られるそうだ。

「音楽ひとつとっても、ＥＤＭ（Electronic dance music／エレクトロニック・ダンス・ミュージック）系をいつもレコメンドしてくる子もいれば、K-POPばかりレコメンドしてくる子もいる。ヒップホップやらラップやら、いろんなジャンルが毎週『#Nowplaying』リストで回ってくるんですよ。しかも、皆が皆『このジャンルなら私が唯一強い』みたいな気持ちなので、レコメンドがどうしても広告っぽくなっていく（笑）」

信頼できる友達からのおすすめは、あまたあるコンテンツの中から選りすぐりを見つけ出すフィルターの役割を果たす。そのフィルター精度は高いが、なにせ量が多すぎるのだ。

無論、友達がいない・少ない若者であれば、共感強制力やおすすめの洪水には無縁であり、彼らが早送る理由はコスパ意識から来る時短志向に概ね集約される。ただ、先に見たLINEの利用率や常時接続という仕様特性からして、「つながっている友達が多すぎるゆえのToDo過多」に悩まされている若者のほうが多数派であるのは間違いない。

「私のすることがなくなるじゃないですか！」

ここで、筆者が大学3年生のIさん（女性・大学3年生）をヒアリングした時の会話を採録しよう。

稲田　そんなにまでして話題についていきたいですか。

Iさん　えっ、ついていけないと困りませんか？

稲田　何が困ります？

Iさん　人間関係で。自分だけ会話に入れないみたいな。

稲田　それはリアルの場で？

Iさん　はい、学校の休み時間とか。以前、友達がＮｉｚｉＵ[*2]（ニジュー）で誰々が選ばれたよねとかいう話をしてたんですけど、私はＮｉｚｉＵを知らなかったので、「えっ、何それ、流行ってんの？」って。

稲田　「へえ、そんなグループがあるんだ。教えて」じゃダメなんですか。もしくは、「私は見ていなかった、あなたは見ていた、以上」では終わらない？

Iさん　その場で私のすることがなくなるじゃないですか！　私、何をすればいいんだろ、シーン……みたいな（笑）。

稲田　自分が知ってる話題を放り込めば？　うまく話題が途切れたところで自分にターンが回ってきたら、「昨日のカープ戦見た？」って言うとか。[*3]

Iさん　うーん、その話で盛り上がっているので、話題を変えるのは難しいです……。

「ＡＢＥＭＡ Ｐｒｉｍｅ」では、ＥＸＩＴのふたりがこんな会話を交わしていた。

兼近大樹　テレビ出てるとそれ（＝知識の偏りがあること）って損で、テレビ出る人はやっぱり広く浅くじゃないと、ついていけないすね。俺、わかんないことばっかりですもん。

りんたろー。　損であり得であると思うんですよね。

兼近大樹　ほんとに愛想笑いしかしてないですもん、スタジオで。

りんたろー。　ツッコミは、やっぱ知らないといけないと思うけど……。

りんたろー。の最後の一言に注目したい。ツッコミとは会話に参加するきっかけであり、その話に後乗りで参加したいという意思表示でもある。ただし、的確な（的外れでない）ツッコミをするためには、その話題についてある程度通じていなければならない。ＮｉｚｉＵがなんたるかを知らなければ、それについて盛り上がっている友達の輪には参加できないのだ。

この場において、彼らは映像作品をコミュニケーションツールとして使っている。ツールである以上、「興味がないから観ない」とか「途中まで観てやめる」という選択肢はありえない。会社員で言うなら、事前に配布された会議資料に目を通しておかないと、会議で議論に参加できず、ハブ（村八分）にされるのと同じだ。悪くすれば、仕事のできない奴扱いされて、会社での居場所がなくなるかもしれない。

それを避けるには、なんとしてでも資料は読んでおく必要がある。早送りだろうが、まとめサイトであらすじだけを斜め読みしようが、手段は問わない。

とにかく情報を収集しておかなければ、勝負の土俵にすら立てないのだ。

「旬」が大事

第1章で、早送り積極派は「観たい」と「知りたい」を明確に線引きしていることが明らかになった。情報収集の対象になるのは、言うまでもなく「知りたい」だけの作品だ。

「流行しているアニメは飛ばし見しますし、部屋を掃除中に『ながら再生』もします。理由は、流行を知ることで、人と話をする際に円滑なコミュニケーションを取れるから。情報を知っているだけで話すことのできる相手が一気に多くなるから、コスパがいいんですよね(笑)」(大学4年生/傍点筆者)

ただし、高いコスパが享受できるのは、そのコンテンツが話題になっている間だけだ。野球やサッカーの試合に例えるなら、試合結果について盛り上がれるのはいいとこ翌日まで。

伝説的な名試合ならともかく、来月や来年にその話を出しても周囲は乗ってこない。

「やっぱり〝旬《しゅん》〟というものに対する感覚がすごく鋭い、うるさいです。旬のものは旬のうちに観ておけば、その分情報も倍増でもらえますし。単にコンテンツを味わうだけじゃない、〝特典〟が付く感覚。SNSに感想コメントを投稿すれば、観た人からすぐリプが飛んできてそこで会話が生まれたり、教えたがりの人から『この作品もおもしろいよ』ってリプが来たり」（ゆめめ氏）

旬のうちは費用対効果が高い。コスパがいいのだ。

映画の場合、話題作が劇場公開されると、チケット半券の写真や劇場のポスター前で自撮りした記念写真などがSNS上にあふれる。感想以上に、「いち早く観てきた！」アピールがすごい。それに感化されれば「旬に乗らなきゃ！」という気持ちになる。映画会社がSNSによる拡散を期待した宣伝を積極的に仕込むのは、昨今の常識だ。

その旬に乗るために準備が必要な場合、倍速視聴が大活躍する。ゆめめ氏が『東京リベンジャーズ』を倍速視聴した理由だ。実際、彼女は映画版『東京リベンジャーズ』が『王様のブランチ』（TBS系）の映画ランキングに入っているうちに観なければ、と感じたという。

生存戦略としての倍速試聴

話題作をコミュニケーションツールとして使う傾向は、昨日今日に始まったことではない。「観ておかないと学校や職場で話題の輪に入れない」作品は、昭和の時代からあった。1980年代から1990年代なら、『8時だョ！ 全員集合』『ザ・ベストテン』「月9ドラマ」等々。特に40代以上なら、いくらでも番組タイトルが口をついて出てくるだろう。

ただ、当時の若者が友達と触れ合うのは、教室だけだった。教室を出たら逃げられた。我が道を行くことができた。しかし今は、LINEがどこまでも追いかけてくる。逃げられない。常にレスを求められる。

過去との比較の話をすると、必ずと言っていいほど「倍速視聴なんて、VHSやDVDで昔からできた。今に始まったことじゃない」という反論が出てくる。ただ、たとえば1990年代や2000年代当時に倍速視聴していたのは、いわゆるマニア気質の人間だけだった。〝量〟をこなすことがアイデンティティになっている、好事家たち特有の、特殊な視聴スタイルだったはずだ。青山学院大学のように、「大学生の9割弱が倍速視聴経験者」などという状況ではなかった。

森永氏によれば、昔と今とでは倍速視聴の性質が違う。新たな〝目的〟が出現しているという。

「昔の人が早送りしていたのは、自分のためですよね。コンテンツが大好きな人が、限られた時間でたくさん作品を観て、自分を満足させるため。だけど今の若者は、コミュニティで自分が息をしやすくするため、追いつけている自分に安心するために早送りしています。生存戦略としての1・5倍速です」（森永氏）

カラオケボックスで、自分が心から歌いたい曲を歌うのではなく、そこにいるメンバーの顔ぶれを精査して、場がもっとも盛り上がる、ウケる曲を選曲するようなもの。その意味でも、彼らは作品の鑑賞者ではない。人間関係を維持するためにコンテンツを巧みに活用する、生き抜くスキルに長けた消費者なのだ。

個性的であれ。さもなくば、死

若者動向の話で必ず言及しなければならないトピック、それが序章でも触れた「オタクに憧れている」件である。

少なくない数の若者たちが、「何かについてとても詳しいオタクに憧れている」にもかかわらず、「膨大な時間を費やして何百本、何千本もの作品を観たり読んだりすることを嫌う」という。

オタクが社会から忌《い》み嫌われていた時代を知る、そしてオタクが一般的な社会生活を放棄してでも対象に時間と愛をつぎ込む存在であるという認識の年長者にとって、これほど胸をざわつかせる報告はなかろう。

まず、「若者はなぜオタクに憧れるのか」から考えてみたい。そこには、彼らが受けてきた「個性的でなければいけない」という世間からの圧が厳然としてある。その象徴が、ＳＭＡＰの『世界に一つだけの花』（２００３年シングル発売）の歌詞で言うところの〝ナンバーワンよりオンリーワン〟だ。この曲は「個性を大事に」と言われて育ったゆとり世代（諸説あるが、ここでは概ね１９８７年から１９９０年代半ば生まれとする）が多感な頃に発表され、彼ら以降の世代の価値観と時代の気分を過不足なく表したことで、歌い継がれる名曲として歌謡史に名を残した。

しかし、そのような価値観は彼らを呪縛もする。

「ゆとり世代は、東京に出てきてそこそこの大学に行って、そこそこの会社に入る人生では足りていないのではないか、と思い込むようになりました。〝個性的じゃなきゃダメ〟だという価値観が、多くの若者たちの間でプレッシャーになったんです」（森永氏）

本来、個性の尊重は、競争社会や学歴主義に対するオルタナティブ（代わりとなるもの）として生まれた、「みんなに優しい価値観」のはずだった。にもかかわらず、「個性的であれ」という外圧が彼らを苦しめるとは皮肉だ。

彼らにとっての個性は、特徴というよりマストスキルであり前提条件。なければお話にならない基本能力のようなもの。

その個性を中年世代にも理解できるもので例えるなら、パソコンだ。パソコンを操れるというだけで選民的な扱いを受けていたのは、平成初期までの話。今では会社員の最低必須条件になっている。使えなければお話にならない。

個性は何でもいいわけではない

実際、多くの大学生が「個性的でなければ就活で戦えない」と感じている。履歴書に胸を張って書けるだけの〝武器〟が欲しい。「本来は、その人がその人であるだけで立派な個性なのに、〝無理して個性を作らなければいけない〟と焦っている」（森永氏）

しかもその個性とは、特定の教科が得意だとか、多少英語が話せる程度では足りない。一昔前や二昔前には趣味として定番だった「映画鑑賞」「読書」「音楽鑑賞」「スポーツ」などは、論外中の論外だ。

ヒアリング時、ちょうど就活中だったIさんはこれに大きく同意した。

「面接はもちろん、エントリーシート上でも人とは違う自分を見せなきゃいけないじゃないですか。自分らしさってなんだろう、自分しかできないことってなんだろうって、すごく考えるようになりました」

Iさんは幼少期からバレエを習っているので、エントリーシートにはそう書くことにしている。ただ、新しい人と出会って自己紹介をするときには、バレエよりももっと別の個性があったほうがいいと感じるそうだ。

それを聞いて不思議に思った。バレエは十分に希少価値のある個性ではないか。誰も誰も、バレエを習っているわけではないし、習えるわけではない。

しかし、それがダメなのだ。

「バレエを習ってると言ったところで、『ずっと習ってるんだ、すごいね』で、それ以上話が膨らまないんですよ」

要するに、それについて知っている人、馴染みのある人が少ない個性は、個性としてコスパが悪い。バレエのなんたるかについて知る人の絶対数が少ないため、「あの振付、難しいよね」などというコミュニケーションに発展しないからだ。

「ジャニーズ好きとか、映画とか、普通のエンタメのほうが、話題としてはよっぽど盛り上がります」

個性的すぎる個性は、個性として機能しない。

Z世代の個性発信欲

〝ナンバーワンよりオンリーワン〟の洗礼を受けたゆとり世代以降で、注目したいのが「Z世代」だ。

Z世代の定義も諸説あるが、概ね１９９０年代後半から２０００年代生まれ、２０２２年時点で10代後半から20代半ばくらいまでの若者を指す。第１章でヒアリングした大学生たちやゆめめ氏もZ世代だ。

Z世代は1960～1970年生まれのX世代、1980～1990年生まれのY世代（＝ミレニアル世代）に続く世代。Y世代が「デジタルネイティブ」、つまり社会人になる前からインターネットやパソコンのある環境で育ってきた世代であるのに対し、Z世代は「ソーシャルネイティブ」と呼ばれる。

ソーシャルとはソーシャル・ネットワーキング・サービス（SNS）のこと。10代前半からスマホでLINEやインスタグラムやTwitterに親しんできた世代である。

Z世代のおもだった特徴としてよく挙がるのが、以下の項目だ。

①SNSを使いこなす
②お金を贅沢に使うことには消極的
③所有欲が低い（モノ消費よりコト消費）
④学校や会社との関係より、友人など個人間のつながりを大切にする
⑤企業が仕込んだトレンドやブランドより、「自分が好きだから」「仲間が支持しているから」を優先する

⑥安定志向、現状維持志向で、出世欲や上昇志向があまりない
⑦社会貢献志向がある
⑧多様性を認め、個性を尊重しあう

倍速視聴や10秒飛ばしの遠因に関連付けられそうだ。①④⑤はＬＩＮＥグループの共感強制力が、②③はＤＶＤやＣＤをはじめとしたパッケージコンテンツの所有欲が低くサブスクで済ませようとする気質が連想される。

マーケティングアナリストの原田曜平《はらだようへい》は、ゆとり世代とそれに続くＺ世代との違いについて、「ＳＮＳで叩かれたくないという『同調圧力』と『防御意識』が強かった思春期時代の『ゆとり世代』と、周りから心象が悪くならない範囲で、ＳＮＳ上で周りと同程度に自己アピールしたいという『同調志向』と『発信意識』が強いＺ世代」と分析している。[*4]

Ｚ世代は、ゆとり世代と同じくＬＩＮＥグループなどで和を乱さない意識が常に働いているが、それに加えて発信欲もあるのだ。

そうなった背景については、１９９４年生まれ、ゆとり世代のインフルエンサー・ゆうこす（菅本裕子《すがもとゆうこ》）の言葉が参考になる。

「私たち（ゆとり）世代が若い時に使っていたｍｉｘｉやフェイスブックは、『人とのつながり』を重視するメディアでした。しかし、そこで過度に人とつながったことで、『ＳＮＳ疲れ』するユーザーが続出しました。その反動で、私たちより下の世代（Ｚ世代）は、つながりよりも『発信すること』がメインのツイッターやインスタグラムが主軸になっていたんです[*5]」

盛り上がっている話題を邪魔にならないようにただぼーっと聞いていてはいけない、傍観者に徹してはいけない。既読スルーなどもってのほか。積極的に参加し、気の利《き》いた一言で場を盛り上げる、かき回す。もしくは、多くの人がついてこられる程度の個性的すぎない個性を積極的に発信すべし——。

メジャーに属せない不安

Ｚ世代の親世代が大学生だった１９８０年代や１９９０年代に、「個性的であれ」というプレッシャーは今ほど大きくなかった。むしろ「多数派に属する」ことで心の平穏を得ていた若者は多かった。

世の中でもっとも多数を占める集団に属していれば、あるいはそういう嗜好を自分に固定させていれば、大きく間違うことはない。皆が投票する政党に投票し、皆が食べるスイーツを食べ、皆が観るドラマを観る。人気ランキングは上から順に手に取る。皆が「いい」と言っているものだから、外れは少ないはず。仮に外れても、皆が一斉に恥をかくのだから、恥ずかしくはない。皆で愚痴を言えばいいだけのこと。

「多数派に属する」という選択は、多くの若者たちにとって「安心」だったのだ。

ところが、現在ではカルチャーシーンから多数派（メジャー）が消えてしまった。〝ナンバーワンよりオンリーワン〟が価値観の多様化を促進した結果、趣味や趣向の島宇宙化を招き、「圧倒的多数の、みんなが好きなもの」が激減してしまったのだ。

「昔は、仮に自分が無個性・普通ではあっても、『クラスの大体の女の子が好き、クラスの大体の男の子が好き』なものがあって、それさえ押さえていれば、圧倒的多数のメジャーに属しているという安心感を持てました。昭和末期から平成前半の女の子たち人気で言えば、光GENJI、安室奈美恵《あむろなみえ》、浜崎《はまさき》あゆみなど」（森永氏）

筆者が属する団塊《だんかい》ジュニア世代の男性で言えば、『キン肉マン』『ドラゴンボール』『SLAM DUNK』といったところか。

遡《さかのぼ》れば、昭和40年代（1965～1974年）には「巨人・大鵬《たいほう》・卵焼き」という流行語があった。当時の子供たちの誰もが好きなものの代名詞だ。王貞治《おうさだはる》・長嶋茂雄《ながしましげお》のON砲でジャイアンツが日本シリーズ9連覇。優勝回数32回という驚異的な強さを誇った横綱・大鵬の大人気。砂糖を使った甘い卵焼きが庶民の食卓に登場して子供たちの好物となったのも、この頃である。

普通の子供たちが全員「好き」なものが、かつての日本には存在した。しかし、今はそれが非常に少ない。趣味も嗜好も多種多様。細分化している。

「〝普通〟が失われてしまったんです。結果、無個性だとどこにも属せず、とても不安を感じる。その不安に駆られて、無理をしてでも〝趣味を持たなきゃ〟〝好きなことを見つけて打ち込まなきゃ〟と焦る」（森永氏）

本来、趣味も好きなこともやりたいことも、自然に湧き上がってくるのを待てばいいはずだが、彼らは悠長にそれを待つことができない。なぜなら、インターネット、特にSNSからは、すでに名前や顔が売れている同世代のインフルエンサーたちによるキラキラした個性的なふるまいが、嫌でも目に入ってくるからだ。

学生のうちからPVを稼ぎまくるブロガー。イラストに「いいね！」がつきまくるアマチュア絵師。博識を極めた結果、崇《あが》められるガチオタ（本気のオタク）。キラキラした交友関係を誇示する学生起業家……そんな〝個性的〟な彼らと〝無個性〟な自分を比べ、焦らないはずがない。

ミレニアル世代やさらに上の世代が〝ライバル〟の対象とするのは、教室や職場で視界に入る人たちだけだった。しかしZ世代はSNSで有名な同世代というだけでライバル対象となる。

「今の大学生たちは『知らない人でも全然ライバル対象になります』とはっきり言っています。私が大学生だった5年前もSNSは使っていましたが、自分とまったく接点のない子までライバル視する意識は、周囲も含めてあまりなかった」（ゆめめ氏）

たった5年で、状況は大きく変わったのだ。

自己紹介欄に書く要素が欲しい

「ハマれる趣味を、どうやって探せばいいですか？」

「好きなことを、どうやって見つければいいですか？」

「やりたいことが見つかりません。どうすればいいですか？」

彼らの不安は、ネット上でよく見かけるこのような相談の形で現れる。親切なインフルエンサーやオンラインサロン主が、その相談相手や受け皿になっているのは周知の通り。

属するだけで安心できていたメジャーが消えた状況下、彼らが探しているのは拠《よ》りどころだ。自分が属しているだけで楽しいと思える場所。「それがオタクという属性です。オタクって、はたから見てて、すごく楽しそうじゃないですか」（森永氏）

それが、「若者がオタクに憧れている」の正体だ。ただ、オタクと言っても博識を旨とするような研究系のオタクではない。アイドルやアニメのキャラクター、あるいはクリエイターの〝推《お》し活動〟をしているオタクだ。

「推し活動をしているオタクはすごく輝いているから、自分もああなりたいと切望する。もしそうなれて、オタクという属性を手に入れられれば、結果的に自分は〝個性的〟にもなれる、と捉えている」（森永氏）

不安も解消できるし、個性も手に入る。一石二鳥だ。ただ、目的とプロセスが逆になってはいないか。

従来のオタクは、何かが好きすぎるあまり、大量に観たり読んだりする。その結果、他のジャンルが気になってきて興味が広がり、さらに大量に見たり読んだりして、好きなものへの理解をどんどん深め、その過程を楽しむ。SF作品をきっかけにして物理学に興味を持ったり、ファンタジー作品への理解欲求が宗教や神話を学ぶことにつながったりする。そうして、充実したオタ活を満喫するのだ。

しかしオタクに憧れる若者たちは、拠りどころとしての〝充実したオタ活（推し活動）〟を手に入れることを、まず目的に設定する。

つまり正確に言えば、彼らは「オタクになりたい」のではなく、「拠りどころになりうる、好きなものが欲しい」だ。それが個性的な自分を手に入れる切符となり、同時に実利的な効果も得られる。「もっと正直に言うなら〝自己紹介欄に書く要素が欲しい〟ですね」（森永氏）。エントリーシートの見栄えを良くするために、ボランティア活動に参加したり、サークルの幹部をやったりするのと同じだ。

現在の若者は、「好きなものや、打ち込めるものがない」という状態を、1秒でも早く脱したい。「高校2年くらいまでに、親や学校から『やりたいことや興味があることを絞れ』って言われまくりますから。昔の若者は、彼氏や彼女のいないことがプレッシャーでしたが、

今の若者は打ち込める趣味や好きなことがないこと、つまり〝推しがいないこと〟がプレッシャーになっています」（森永氏）

なにやら、「好きな人はいないけど、早く結婚したい」の類いに通じるものがある。あるいは、「今やりたいことはないけど、何かはしたい。だからこのサロンに入会しました」のほうが近いだろうか。

「オタク」パブリックイメージの変遷

〝推し〟という言葉は実にうまくできている。

「私、韓国アイドルが大好きなんですけど、〝韓国アイドルオタク〟とまでは言えないんですよ。もっと詳しい人がたくさんいるので。だけど『△△というグループを推してる』なら、胸を張って言えます」（ゆめめ氏）

「オタク」という語感にはその道のプロフェッショナル、専門家でなければ名乗れないハードルの高さがあるが、〝推し〟はただ純粋に好きだという謙虚な気持ちの表明だ。〝にわか[*6]〟でも安心して使える。

オタクの名乗りづらさを考える際には、オタクのパブリックイメージの変遷を振り返る必要があるだろう。

「オタク」あるいは「おたく」という呼称が一般的に普及したのは1980年代後半だが、その後少なくとも20年余りは、基本的にネガティブなイメージ一辺倒だった。「内向的、教室では日陰者、社会性や異性交際経験に乏しく、ファッションに無頓着」といったものだ。

そのネガティブイメージを決定づけたのは、東京・埼玉連続幼女誘拐殺人事件の犯人として1989年に逮捕された宮崎《みやざき》勤《つとむ》（2008年に死刑執行）の存在である。彼のロリコン趣味とホラーマニアぶりがマスコミにクローズアップされ、その後「オタク＝怖い存在」というイメージが広く定着したのだ。

オタクへの偏見と迫害は、日本のアニメ、ゲーム、マンガ文化が国際的に注目されつつあった1990年代全般を通じても続いた。2000年代に入ると、東京・秋葉原のオタク街っぷりや、メイド喫茶、ヲタ芸をはじめとしたオタク文化がマスコミに興味本位で取り上げられる機会が増え、世間はさらに奇異の目でオタクたちを見つめるようになる。

その極めつきが『電車男』だ。2004年にネット掲示板「2ちゃんねる」でブレイクして書籍化され、映画化（主演：山田孝之、2005年）・ドラマ化（主演：伊藤淳史、2005

年）で話題を集めると、類型的な〝オタクのダサい風貌《ふうぼう》〟が世間で知名度を上げる。2005年にはユーキャン新語・流行語大賞に、オタク界隈で多用されていた「萌《も》え」が選出された。

ところが2010年代前半頃から、若者世代を中心に少しずつ潮目《しおめ》が変わり始める。標準的な社会性を備え、普通のファッションに身を包んだ高校生・大学生の一部が、カジュアルに「趣味はアニメを観ること」くらいの意味で「自分はアニメオタク」と自称しはじめたのだ。

かつて自分のことを「オタク」を自称する行為は、シャレにならない自虐の極みだった。特に宮崎勤事件をリアルタイムで味わった世代にとっては、「私は社会逸脱者です」と自己紹介しているようなものだった。

もちろん、2010年代前半にも「暗い、怖い、キモい、イタい」存在としてのガチオタを忌避する向きは根強く残っていた。しかし一方で、「オタク」の意味が軽くなり、「〇〇が好き」くらいのライトな意味で「〇〇オタク」という言い方が多用されるようになったのも事実である。

若者たちは、「オタク」という属性に大きなアレルギー反応を示すことなく、パーソナリティのひとつとして受け入れるようになった。同時に、従来はアニメ、マンガ、ゲーム、アイドルといったものに限られていたオタクジャンルが、「ディズニーオタク」「K―POPオタク」といった領域にまで拡大していった。

オタクのカジュアル化と〝にわか〟問題

しかし、そういった「オタクのカジュアル化」に対しては、批判や反発もあった。先述した〝にわか〟問題だ。たいして詳しくもない、ファン歴も浅いのに「オタク」を名乗ることに対する呆れや嘲笑《ちょうしょう》が、オタクという言葉のカジュアル化以降は常に付随していた。

例えば、2013年にTVアニメ化によってブレイクし、以降もシリーズを重ねている『ラブライブ!』という作品がある。複数の少女たちがグループアイドルとして成長していくメディアミックスコンテンツだが、ブレイク当時、「自分はアニメオタクです」と言っている若者に他にどんなアニメを観ているか聞いたところ、『ラブライブ!』しか観ていなかった……という笑い話があった。[*7]

にわか批判が最も牙をむく空間がTwitterに代表されるSNSであるのは間違いな

い。ぬるい感想や知識の浅さに対し、面識のないその筋のプロが容赦ないツッコミと訂正を入れてくる。いわゆる〝ネット警察〟というやつだ。

中高年から10代までが等しく参加するＴｗｉｔｔｅｒ上では、「年長のガチオタがライトなにわかを徹底的にバカにする、詰める」といった行為が多発するようになった。

その結果、どうなったか。

10代前半からＳＮＳの酸いも甘いも噛み分けるＺ世代は、情け無用の戦場のごときＴｗｉｔｔｅｒに、ある種の恐れや苦手意識を抱くようになった。ハイレベルな議論や批評がオープンで行われているオタクの土俵には踏み込まないのが吉、と思うようになったのだ。

「ちょっと好き」程度じゃ「〇〇オタク」だなんて、とても名乗れない。「Ｚ世代の間では、『オタク』と名乗るハードルが年々上がっていっています。『これ興味がある』くらいでは当然ダメ」（ゆめめ氏）

その萎縮《いしゅく》した気分にうまくはまったのが、「詳しくはないけど、とにかく好き」という謙虚な意思を表明できる〝推し〟という言い回しだったのだ。

自分の上位互換がすぐに見つかってしまう地獄

「飛ばした10秒の中に後の伏線になるような重要なシーンが含まれていたら困るのではないか」という倍速視聴批判派の声に、ゆめめ氏は「どうせ自分には気づけないので。そういうのはプロに任せればいいやと思っちゃう」と答える。

単純な自己評価の低さともまた違う、奇妙な謙虚さ。

どうせ自分は、あるシーンに込められた深い意図やセリフに込められた暗喩は理解できない。どうせ汲み取れない。どうせ私はその境地に行けない。弁《わきま》えと呼ぶべきか、諦念《ていねん》と呼ぶべきか。

結果、それらを理解できるプロ（オタク）はすごいというリスペクトが生まれる。畏敬《いけい》の念と呼んでもよい。畏敬すなわち、圧倒的な存在に対する恐れおののく気持ちと敬う気持ちのブレンド。

振り返ると、オタクは「忌み嫌われる対象」から「奇人として嗤《わら》われる存在」となり、「個性のひとつとしてカジュアルに名乗れる」時代を経た後、敬意を払われる対象とさえなった。

「オタク、めっちゃ尊敬してます。みんなオタクになりたいって言いますもんね」（ゆめめ氏）

ただ畏怖である以上、ここで言う「なりたい」は「なれたらいいなあ」くらいのトーンだ。

「同世代の中でオタクがいっぱいいるから、もう敵《かな》わないんです。今からがんばって映画やアニメを観たところで、その子たちが幼少期から培《つちか》ってきたオタクレベルには絶対に追いつけない。ＳＮＳで自分の〝上位互換〟の人をすぐに見つけられちゃうから、そのジャンルで勝てないと思ったらすぐ諦めちゃうんですよ。だったらもう違う道に行ったほうがいいなって。みんな言いますよ。『自分の好きなものを好きって言いにくくなった』って。私自身すごく共感します」（ゆめめ氏）

本来、趣味であれ個性であれ、その道のプロに追いつく必要などはないはずだ。そんなことを言い出したら、どんな趣味もどんな学問も、始める前から徒労感に押しつぶされてしまう。

だが、Ｚ世代は実際に押しつぶされている。

真っ白なキャンバスを目の前に置き、筆と絵の具を準備しはじめた途端、周囲の同級生が次々と完成した絵を提出していく。しかも、その絵は自分の技量では到底到達しえないほど上手く、かつ自分が目指している画風と同じ方向性だったとしたら？　それでも絵筆を握り続けるには、相当強いハートが必要だ。

自分の〝上位互換〟を目視できてしまう地獄。下手は下手なりに、趣味としてお絵描きを楽しむなんて、できるわけがない。

オープンであることを美点とするＳＮＳは、あらゆる分野において全国レベルの猛者たちを「すぐ隣の存在」として可視化した。自分との圧倒的な実力差を、毎分毎秒、スマホ越しに突きつけてくる。

さらにＳＮＳはその仕様上、見知らぬ人間にタップひとつで話しかけられる。「ぬるい」「浅い」感想などつぶやけば、いつなんどき通り魔のようなダメ出しリプを食らうかもしれない。リプがなくとも陰で嘲笑されているかもしれない。

「Ｚ世代の子たちにとって今のＴｗｉｔｔｅｒは、『もう私たちのメディアじゃない』んですよ。〝論破〟したいおじさんたちがウヨウヨいるから」（ゆめめ氏）

〝正解〟を知りたい

SNSでうかつにつぶやくと大変な目に遭う。誰もが同意する〝正解〟しか言えない。すると、どうなるか。

作品を自分なりに解釈することを、萎縮するようになる。

「稲田さんの記事に対する反響で、『倍速視聴はクリエイターに失礼』とか『文脈をちゃんと鑑賞しないなんてもったいない』とか『若者はけしからん』みたいなのがいっぱいありましたけど、じゃあ私が文脈を汲み取れるかというと、それも自信がない」（ゆめめ氏）

先ほどの奇妙な謙虚さが、また顔を出す。

しかし「汲み取る」とは言っても、そんな大層なものでもなかろう。普通の娯楽作品を、普通に（早送りせずに）楽しみ、普通に感想を抱く。それでいいはずだ。

しかし、ゆめめ氏は言う。

「たとえばですが、『カメラを止めるな！』を普通に観たところで私は評価できない。……って言うんでしょうか」

『カメラを止めるな！』（監督：上田慎一郎、２０１8年）は、当時無名の俳優を起用した超低予算映画ながら、興行収入30億円を超えて大きな話題になったエンタテインメント作品だ。あくまで主観だが、決して難解な映画ではない。普通に観て、普通にそのアイデアと仕掛けに驚き、大きなカタルシスと大団円の感動に包まれる。客は選ばない。

ゆめめ氏は都内の一流私大卒業後、マーケター職に就いている。これもあくまで筆者の主観だが、論理的な思考力と高い言語化力についてはどう考えても平均以上のものを備えた人物だ。要は、普通の娯楽映画を普通に理解するリテラシーが欠けているとは、とても思えない。

その彼女をもってして言わしめる「普通に観たところで評価できない」という言葉。その裏には、「自分の解釈は間違っているかもしれない」という不安がある。

ここで、「作者の意図」について今一度整理しておこう。

まず、作者（発し手）は作品にある意図を込める。第1章の小林氏の話を出すなら、脚本家には脚本で伝えたい意図がある。

しかし一方、第2章で真木氏が「受け手には〝作品を誤読する自由〟がある」と言ったように、受け手には解釈の自由がある。だから「間違っているかもしれない」という恐れは不要のはずだ。

にもかかわらず、ゆめめ氏やZ世代のようにインターネットの地獄を見たSNS使いであればあるほど、「間違う」ことを極端に恐れるようになる。その「間違い」が見知らぬ誰かから手厳しく修正される、あるいは人知れず嘲笑される惨状を、嫌というほど目撃しているからだ。

だからこそ、考察サイトを読み込む。なんなら鑑賞前に読み込む。先に犯人を知る。〝正解〟を知りたいから。

「あいつらはすぐ正解を求める。スマホの検索でいつでも正解がわかるからだ」と若者批判をするのは容易《たやす》いが、問題の本質はそこではない。

誰だって傷つきたくない。恥をかきたくない。公衆の面前で醜態を晒《さら》したくないのだ。

「ジェネラリストの時代はもう終わりました」

個性の話に戻ろう。昨今の大学生は社会人になるにあたり、ジェネラリストよりスペシャリストを志向する傾向が強まっている。浅く広くそつなくこなせる量産型の人材ではなく、一芸に秀でた替えの利かない人材を目指す。ゆめめ氏も、大学生とキャリア観について話し合った際に、その傾向に遭遇した。

「ジェネラリストはもう終わりました、って言うんですよ。今やスペシャリストの時代で、いかに自分の価値を高めるかが勝負だと」

個性を求める心、オタクへの憧れ、スペシャリスト。すべて「自分の希少価値」と同一線上にあるものだ。

なぜスペシャリスト志向なのか。それは「石の上にも三年」的なキャリア観の説得力が急速に薄れつつあるからだ。

旧来から、多くの会社組織ではこんなふうに言われてきた。「不本意な業務も我慢して遂行し、さまざまな部署でのジョブローテーションを経て、多方面にわたるスキルを身につける。そんなジェネラリストこそが、広い視野で物事を見ることができる」。しかしこの理屈が成立するには、その会社が何年も、何十年もこの先存続し、現在と同じように安泰であることが保証されていなければならない。

しかし現在、ある企業が5年後も今と同じ事業規模で、今と同じ業態で、今と同じような人材を重用してくれるかどうかなど、わかったものではない。電機メーカーのシャープの例を出すまでもなく、国内を代表する超大企業も外国企業の傘下に入るような時代だ。つい昨日まで安泰だった業界が、天災で一気に奈落に突き落とされることもある。技術の進歩やトレンドの目まぐるしい変化によって、ゲームチェンジは頻繁に起こる。

一寸先は闇、先行きがわからない世の中。「石の上にも三年」なんて言っていられない。

Z世代の育ってきた時代を見れば、その説得力は大いに増す。

２００８年のリーマンショック、２０１１年の東日本大震災、２０２０年から続くコロナショック。その都度、好調だった業界がどん底に叩き落とされ、生活が振り回されてきた。世帯収入が減ったことで学費を払えず大学を辞める同級生、きついバイトをする友人たちもたくさん見てきた。理不尽な内定取り消しに泣き、両親が肩を落とす姿に心を痛めた。

何も悪いことはしていない。ちゃんと頑張ってきた。なのに、世の中は突然変わる。

明日のことなど誰もわからない。自分のキャリアなんていつ脅かされるかわからない。ビジネスで生き抜くために必要なスキルなんて、来年にはがらっと変わっているかもしれない。だから、今この瞬間にやりたい仕事に就かなければ意味がない。そのためには、今この瞬間に圧倒的な個性で目立たなければ。社会にピックアップされなければ。

急げ、急げ。

早く、早く。

倍速視聴派のタイパ至上主義

Z世代は拠りどころが欲しい。個性的でありたい。その結果、オタクに憧れる。カルチャーシーンからメジャーが消え、ゆとり教育のなかで「個性的であれ」と言われて育った若者たちがそうした傾向をもつことは理解できる。

ただ、憧れの存在であるオタクに近づくためには、本来たくさんの作品を観る必要がある。しかし、彼らはその過程を、「なるべくコスパ良く済ませたい」と願う。「観ておくべき（読んでおくべき）重要作品を、リストにして教えてほしい」と言う。

そもそも、一般の人が費やさないほど膨大な時間を、自らの専門分野に投じたからこそオタクなのであって、オタクはコスパから最も遠いところにある存在のはず。

しかし彼らはつまらない作品をつかまされて、時間が無駄になるのを避けたい。何本もの駄作をつかまされた挙げ句、自分にとっての傑作にたどり着く喜びは解さない。もしくは、そこに価値を置かない。極力外したくない。回り道はなるべく避けたい。とにかく効率良く生きたい。

これは倍速視聴の動機と根を同じくするものだ。

倍速視聴派に言わせれば、その最大の効能は効率だ。２時間の作品を１時間で観ることができたら、たしかに効率はいい。彼らは２時間の作品が１時間で観られたことを、喜びの感情を伴わせながら語る。「タイパ（タイムパフォーマンス）がいい」と。

ある映画レビューサイトの作品コメント欄に、こんな一言があった。

「飛ばし見したら、もっと点数が上がるのに」

どうせつまらないなら、その苦痛は短いほうがいい。損失は最小限であるのに越したことはない。前出の女子大学生Ａさんが『かぐや様は告らせたい』について放った「もし（倍速視聴しないで）２時間近くもかけちゃってたら、おもしろさよりも『ああ、こんなに時間を使っちゃったんだ』みたいな後悔のほうが大きくなる」が思い出される。

レビューサイトのコメント主とＡさんは、まったく同じことを言っている。

「自分にとって観る価値があるかどうか」

タイパ至上主義の裏にあるのは、無駄な時間を使ってしまうことに対する恐れだ。

ネタバレサイトのあらすじを先に読んでいるという人にその理由を聞くと、こんな答えが返ってくる。

「自分にとって観る価値があるかどうかを判断してから観たい。時間を無駄にしたくないから」

「開始30分後におもしろくなるにしても、その確信が持てないままの30分はすごいストレス」

ネタバレも倍速も、ストレス軽減のため。切実だ。

さらにAさんの場合。

「暴力シーンが嫌いなので、まず先に観た子を探して、いたら内容を詳しく聞きます。いなかったら、まずめちゃくちゃ早送りして最後まで観て、大丈夫そうだったら普通の早送りでまた最初から観ます」

まるで映画におけるレーティングの審査、スクリーニングだ。

信頼できる友達からのおすすめは、あまたあるコンテンツの中から選りすぐりを見つけ出すフィルターの役割を果たす（P・126）。すなわち、その分野に詳しい人間によるおすすめを知ることでリスクヘッジをしたい。無駄時間をなくしたい。その究極が、「とりあえずリストをくれ」という要求だ。

時間を費やして観るべき作品かどうかを事前に選別するために必要な、夾雑物《きょうざつぶつ》の除去行為。文字通りフィルターである。

映画興行の現場でも、そんな話を聞く。

「信頼している人が勧めている、確実におもしろいと評判の作品しか観に行かない人が、昔よりずっと多い。皆、冒険しなくなっている。だから、当たる作品と当たらない作品の二極分化がはなはだしい」

結果、一部の作品にだけ観客が集中する。現在、日本では年間1000本前後も映画が公開されているが、供給の多様性はあっても、需要の多様性からは程遠い。先述した若者のメンタリティと重ね合わせるなら、「メジャーに属せない不安」をここぞとばかりに解消しているかのようだ。

どんな気分になるのか正確に予測したい

このコンビニ高級スイーツは３００円も払う価値があるのか？
この本は１６００円の値段に見合った内容だろうか？
このオンラインサロンに月額２９８０円払えば、今の会社を辞めて独立できるだけのスキルと人脈が獲得できるだろうか？

目の前の商品や作品やサービスが、自分にとっていかなる満足を与えてくれるのか。それを前もって知りたいと思う気持ちは、世代問わず誰もが抱くものだろう。ただ、Z世代はこのような気質が他の世代に比べて抜きん出て強い。

前出の原田によれば、新商品のネーミングトレンドもそうだ。過去の日本で成功したネーミングは「機能をうまく表現したネーミング」「企業姿勢をうまく表現したネーミング」「誰がターゲットかを想起しやすいネーミング」だった。

しかし最近では、「その商品を使うとどんな気分になるか」「その商品はどんな気分の時に使うものかということを感じさせるネーミング」といった「情緒ネーミング」がZ世代から注目を集めている。原田は「情報過多で何を買ったらよいか悩みやすい時代に、直感的・感覚的に商品を選択できるのが利点」と分析する。[*8]

要するに、「フタを開けてみてのお楽しみ」は歓迎されない。

Z世代の大学生を相手に教鞭《きょうべん》をとる前出の脚本家・小林雄次氏も、その点はかなり意識している。

「コロナ禍となり、大学の授業ではＧｏｏｇｌｅのclassroomというサービスを使うようになりました。対面の授業が始まってからも、次の授業で何の話をするか、事前にアップしておくようにしています。箇条書きで書類1枚のレジュメにして、学生が事前に見られるように。映画の予告編みたいなものです。何をやるかわからない講義に対して、学生たちは興味を抱かないので」

予告編は出し惜しみなしがマスト

昨今の映画予告編、特にエンタテインメント作品は、決して出し惜しみをしない。一番いいシーンを惜しげもなく見せることで劇場に来てもらう。中には、予告編だけで大体どんなストーリーか予想がついてしまう作品もある。

ＴＶやＹｏｕＴｕｂｅのバラエティ番組もそうだ。これから放送する内容のハイライトを、冒頭で予告編的にチョイ出しするものが増えた。お楽しみは後にとっておく……では見てくれない。

音楽の供給が配信に軸足を移して以降、特に若年層向けの歌謡曲はイントロからいきなりサビが流れる構成のものが多くなった。Ａメロ→Ｂメロ→サビという、昔からの「展開」がまだるっこしいのだ。イントロの数秒を聴き、その曲を最後まで聴くかどうか（買うかどうか）を判断する。自分にとって価値があるかどうかを、最短時間で知りたい。

前出のＩさんは映画やドラマを早送りも飛ばし見もしないが、タイパ至上主義にはたいそう共感するという。彼女はＹｏｕＴｕｂｅでミュージックビデオや美容系の動画を1日に20本以上は観る。

「ミュージックビデオは最初の部分だけ観て、同じような映像が続いて変わり映えしないな、おもしろくないなと思ったらサビまで飛ばします。それで次々聴いていく。1曲たった3分、4分ですけど、最初から全部じっくり聴くのは時間がもったいないと感じてしまうので」

前出のラノベ編集者・X氏は言う。

「アニメ化・漫画化された作品を観たり読んだりしてから原作小説を買うケースはすごく多い。文字よりも絵のほうが入りやすいですし、それでおもしろかったら安心して小説を買える」

アニメや漫画でストーリーを先に知ってしまうことは問題にならない。ネタバレよりも安心感の担保のほうが、彼らにとってはずっと重要なのだ。

Z世代のネタバレ消費

Z世代にはネタバレ消費と呼ぶべき習慣が根付いている。2021年6月に「Business Insider Japan」に配信された「Z世代に流行する『ネタバレ消費』とは? 〝失敗したくない〟若者のホンネ」という記事では、「観たい映画や今度行くライブの中身、友達に渡す誕生日プレゼントなど、何でも事前に『ネタバレ』することがトレンドとなっている」というZ世代の動向が報告されている。[*9]

理由は「失敗したくないから」。

残酷シーンが含まれる映画なら、その事実を先に知っておくことで、流血が苦手だから観ないでおこうという選択ができる。クライマックスが感動で泣けるのなら、泣く気満々の心構えで観に行きたい。前出の女子大学生Gさんも「犯人がわかった状態で観るほうが楽しめる」と言っていた。感情のコンディションを万全に整えておけるからだ。

ライブの場合、先にセットリストを知っておけば「あの曲なんだっけ?」とならないで済むし、プレゼントは事前に欲しい物を相手に聞いておいたほうが間違いがない。「せっかくもらったけど、自分の趣味に合わなくて使えなかった」といった悲劇が避けられる。

ゆえに、一時期流行ったサプライズの誕生日パーティーは絶対にご法度《はっと》だ。写真撮影には万全のメイクや髪型で挑みたいし、連れて行かれるレストランによって、着ていく服も変わってくる。ネタバレしておくことで、関係者全員の満足度が高まるのだ。

「ミレニアル世代が〝未体験〟に価値を求めるとすると、〝追体験〟に価値を求めるのがZ世代。彼らは先のわからないことや想定外の出来事が起きて気持ちがアップダウンすることを、〝ストレス〟と捉える傾向が強い」(同記事)

ストレスはリスクに他ならない。避けられるものなら避けたい。ミステリーもので犯人を先に知っておけば、想定外の出来事が起きて気持ちがアップダウンするのは避けられる。それもひとつのリスクヘッジだ。

そのリスクには当然、「回り道」や「コスパの悪さ」も含まれる。

とにかく失敗したくない

すべての若者がそうだとは言わないが、とりわけZ世代を中心とした層に、「回り道」や「コスパの悪さ」を恐れる傾向は強い。

仕事でコスパを追い求めるならともかく、趣味など心の赴《おもむ》くままに好きにやればいい……はずだが、手っ取り早く重要作品を押さえたい、ポイントを知りたいと、彼らは切に願う。なぜそこまで、〝無駄なこと〟に時間を割くのを恐れるのか。

森永氏は、昔と比べて子供をめぐる環境が全体的に〝親切〟になっている点を指摘する。

「大人が子供の気持ちを先回りして察しようと動く。子供たちは、とにかく大事に大事に育てられているので、痛みに弱い。失敗したり、怒られたり、恥をかいたりすることに対して、驚くほどに耐性が低い」

Z世代の親世代は２０２２年現在、40～50代。子育てのトレンドは「締め付ける」より

「優しく」だ。友達感覚で子供と買い物に行ったり、恋バナをしたり、トレンドを共有したりする親も多い。

加えて、学校も子供たちに強く言わない。体罰はもってのほかだが、少しでも厳しく言えばモンスターペアレントが怒鳴り込んでくるからだ。

このことは、職場の新入社員にも顕著だ。年長世代が懐の深さを見せたつもりで口にする「失敗してもいいから、まずはやってみろ」は、彼らにとっては「いじめ」にも近い。その結果失敗して、上司から失敗の理由を指摘されたら、「そんなに言うんだったら、先に正解を教えてくれればいいじゃないか……」と感じるからだ。

「そういう上司は〝乱暴〟認定され、慕われません。見えている失敗を前もって説明してくれない、不親切で嫌な人と思われるんです。『やってみて、失敗しないとわからない、身にならないことがある』という理屈は通じません。すべての新人がそうではないですが、ここ最近増えた傾向です」(森永氏)

なにより彼らは、失敗したこと自体に大きく傷つく。失敗したことが周囲に知れて恥ずかしいから傷つくのではない。「誰に気づかれるでもないような自分の失敗ですら、彼らはいやがるんですよ。〝つまらない作品に当たって時間を無駄にすること〟も、そこに含まれま

す」（森永氏）

このことは、「回り道」や「タイパが悪い」を恐れる彼らの気質に直結している。

キャリア教育が「回り道」を閉ざした

〝つまらない作品に当たって時間を無駄にすること〟は、失敗。そのような価値観は、一体どのようにして育まれたのか。背景として、大きく2つが考えられる。

ひとつめは、キャリア教育だ。

1999年に中央教育審議会がキャリア教育を提唱して以降、中学・高校・大学では、社会に出て就業することを踏まえた教育が推進されてきた。それはそれで意義のあることだが、そのマインドが行きすぎれば、「自分の就きたい職業にとって、この教科は時間をかけて学ぶ必要がない」という判断を、早々に下すことにもなりかねない。

学問にまで、タイパを求めるようになるのだ。

ただ、それは仕方のないことだ。大学で「5年後、10年後の自分のロードマップを描け」などと指導されれば、それを達成すべく、在学中から綿密なライフプランやキャリアプランを組み上げる必要がある。悠長に回り道などしている暇はない。「とりあえず就職してから、自分の適性や本当にやりたいことを模索していこう」が許されない時代であり、世相なのだ。

「無論、大人は効率を発揮する局面と、発揮しなくていい局面を理解していますが、子供にはその区別がつきません。10代のうちからそんなふうに教えられてきたら、すべてを効率化しなきゃいけないと思ってしまいますよね」（森永氏）

「ＡＢＥＭＡ Ｐｒｉｍｅ」にＺＯＯＭ出演した立教大学大学院客員教授・牛窪《うしくぼ》恵《めぐみ》も、「タムパ（タイパ）最優先になった理由」のひとつとして、２０００年代頃から学校や職場でも時短・効率を求めはじめた風潮を挙げた。

２０２０年７月７日には、１９７６年生まれの探検家・角幡《かくはた》唯介《ゆうすけ》のあるツイートが話題になった。若い記者からインタビューで、「角幡さんの探検は社会の役に立ってないのでは」と聞かれて絶句したのだという。

これを受けて行われたインタビューで同氏は、相手が20代くらいの地方紙の記者だったことを明かし、こう述懐した。

「『本当にみんな、そんなこと思ってるんですか?』と聞き返したら、自分たちの世代は社会への還元とか生産性の向上を考えるべきだという思考を強いるような『圧力をすごく感じるんです』と」[*10]

記者が本当に20代であれば、ゆとり世代もしくはＺ世代だ。キャリア教育の一環として、「自分の学びやスキルや行動が、社会のどんな役に立っているのか」を詰めて考えさせられてきた可能性は高い。さぞ「圧力」に苦しめられたことだろう。

同記事ではインタビュアーが「進路学習の冊子で将来の夢を書き込む欄に『その夢はどのように社会に役立ちますか？』との問いがあり苛立っていた、という大学生のリプライが印象的でした」とも言っている。

夢にすらコスパを求める、というふうにも読める。

常に〝横を見ている〟若者たち

もうひとつが、ＳＮＳによって同世代と自分とを容易に比較できてしまうことだ。先に指摘したＳＮＳの常時接続は、会ったこともない自分と同世代の活躍を可視化させた。そのことは相当量のストレスも運んでくる。〝まだ何も成し遂げていない自分〟を、否応なしに焦らせてしまうからだ。

「Ｔｗｉｔｔｅｒやインスタグラムでは、友人たちはもちろん、同世代でいちはやく何かを成しとげたり、注目を浴びたりする人の動向が、いつでも視界に入っている状態にある。常に〝横を見ている〟んです。だから、自分がちょっとでも効率の悪いことをしたら、〝同世代から遅れてしまった〟、つまり〝失敗してしまった〟と思いやすい」（森永氏）

〝横〟なんか見なければいいじゃないかと言ったところで、彼らの最重要コミュニケーションツールであるＳＮＳを手放すわけにはいかない。Ｚ世代の人間関係の大半がそれで成り立っているし、就活の情報収集にも絶対に必要だ。

「ＳＮＳで自分の上位互換の人をすぐに見つけられちゃうから、そのジャンルで勝てないと思ったらすぐ諦めちゃう」（ゆめめ氏）の悲劇だ。

森永氏は、ある大学の講義で受けた衝撃を話してくれた。

「『無駄なことをたくさんやるのが、アイデアの発想につながる』と、ごく当たり前のことを話しました。すると、出席者に提出してもらった感想文の半分以上に『無駄なことをしてもいいんですね！　励みになりました』といった主旨のことが書かれていたんです。そんなにも無駄なことをしてはいけないと追い込まれているのかと、驚きました」

目的はチートによるスペックの獲得

コスパ（タイパ）重視の人たちは、とにかく無駄撃ちを嫌う。最小の労力で最大のリターンを得ることに無上の喜びを感じる。

脚本家の佐藤大氏は、「手っ取り早くオタクになりたい」若者について、こんな感想を抱いた。

「オタクというアビリティだけが欲しい、というのは、なるほどと思います。スマホゲームで言うと、ガチャで最強のアビリティを手に入れてチート化する、なろう系の小説システムそのものじゃないですか。異世界転生したらオタクでした、プレイヤーのアビリティは最強です、みたいな。そのためには、10秒飛ばしも早送りも辞さないと」

「アビリティ」とはキャラクターの能力、「ガチャ」とは攻略に有利なアイテムがランダムで提供される抽選システムのこと。「チート」は既出だが、要するにラクをしてゲームを進めるための手っ取り早い方法、ズルのことだ。

実際、タイパ重視の人はチート（的なもの）が大好きだ。「これさえやっておけば副業で儲かる」情報商材、「これさえ読んでおけばＯＫ」のビジネス書や啓発書のリスト。最小の労力で最大のリターンを得られる、楽な方法。効率主義の行き着く先は、チートにほかならない。

もちろん、ビジネスに効率を求めるのは大事だ。そこには「収入を上げたい」「出世したい」「いい生活をしたい」といった、切実な目的がある。労働時間×時給で完全に天井が決まっている収入体系に嫌気が差した結果、一発逆転チートに希望を見出すのもわからなくはない。

ただ、それを趣味にまで求めるのか。

オタクと言わずとも、何かの作品に心酔すれば、その監督や脚本家や出演者の過去作をつぶさにチェックしたくなる。その監督と作家性が似ている別の監督の作品にも手を伸ばす。アニメであれば、キャラクターデザインやスタジオつながりで、観たい作品がどんどん出てくる。どんどん掘り進む。

しかし、タイパを重視する彼らの多くに、そんな発想はない。当然だ。観るべき作品リストを消化した以上、目的は達成できたのだから。

「彼らとしては、それでオタクというスペックを獲得したので、もうそれ以上掘る必要がな

い。〝個性〟はゲットできた、自己紹介欄に書くネタもできたので」（森永氏）

先のビジネス書や啓発書を例にとれば、普段から本を読まない人ほど、「この1冊で、との本質を言い切った系の本」が大好きだ。「これさえ観ておけばＯＫ」のリストを求めるタイパ重視の人たちと似ている。

この種の人たちは「友人に共感しなければ」と焦り、個性のための趣味が欲しくてオタクに憧れるが、無駄は排したい。その結果、チートを求める。これらが行為として現れたのが、倍速視聴であり、10秒飛ばしであり、ファスト動画の存在であり、「観るべきリストを教えてくれ」という要望だ。

圧倒的に時間とカネがない今の大学生

彼らを「けしからん」と説教したり、「つまらない奴らだ」と憐れんだりするのは簡単だが、そう説教したくなる年長世代が若かりし頃には、キャリア教育の圧もＳＮＳもなかった。

もうひとつ同情すべき点がある。今の大学生には時間とお金がない。ヒアリングの途上で、こんな訴えも届いた。

「私たちは親世代が大学生だった時に比べて、学校が出席にとても厳しくなりました。金銭的な問題でアルバイトに時間を割く子も増えましたし、卒業後の奨学金の返済を考えて、早い段階でインターンやボランティアなど就職活動に時間を割く子も少なくありません。それがマジョリティだと思います。やるべきことが昔の若者より増えてしまい、作品を嗜《たしな》む自由な時間、可処分時間が少なくなったことが、映画やドラマを早送りする一因だと私は考えています」（大学4年生）

ひとつの指標となるのが、親から下宿生への仕送り額の変化だ。

東京、神奈川、埼玉、千葉にある9校の私立大学（短大を含む）に入学した新入生の家計負担の状況をまとめた「私立大学新入生の家計負担調査」（2021年4月調査）によると、直近年である2020年度の「月平均仕送り額から家賃を除いた生活費」（図6）は1万8200円で過去最低だった。ちなみに過去最高は1990年の7万3800円。30年前の1990年と言えば、ちょうど彼らの親世代が大学生だった時期にあたる。

この30年間で、大学生が親からもらえる生活費は4分の1以下にまで減っているのだ。物価の上昇や消費税率のアップなども考えると、実質的な下落差はさらに大きいだろう。この背景にバブル崩壊後の低成長、いわゆる「失われた30年」や、そこに起因する世帯収入の停

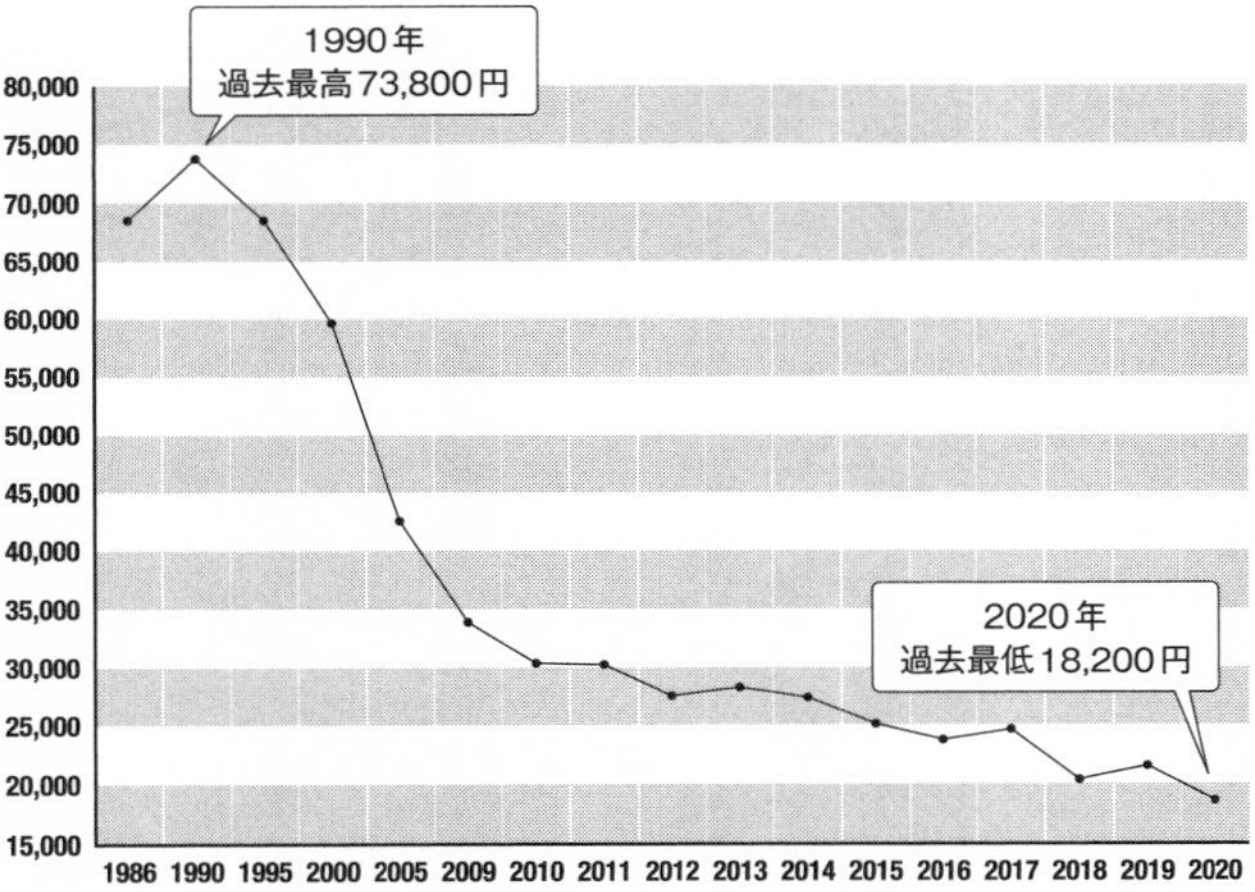

図6　大学新入生の月平均仕送り額から家賃を除いた生活費
※東京、神奈川、埼玉、千葉にある9校の私立大学を対象
東京私大教連「私立大学新入生の家計負担調査 2020年度」をもとに作成

滞、貧困家庭の増加などがあるのは明らかだ。

首都圏で一人暮らしをしながら月2万円弱で食費、水道光熱費、通信費、被服費、交際費、娯楽費などをすべて賄《まかな》うのは至難の業である。彼らは遊ぶ金が欲しくてバイトをしているのではない。必要最低限の生活を送るために、やらざるをえないのだ。当然ながら、趣味にお金はかけられない。

バブル期ど真ん中、1990年の標準的な大学生のように、スキーや合コンや海外旅行に遊び興じる余裕は、現在の大学生にはない。

そんな中、趣味と呼べるものの中で最もリーズナブルなのが、映像の視聴だ。ＹｏｕＴｕｂｅやＡＢＥＭＡやＴＶｅｒは無料。有料のサービスでさえ、月に数百円から千数百円で無尽蔵に観られるのだから。

ただ、観られるのはいいが、時間もない。ヒアリングしたある女子大学生は、平日午前5時から9〜10時頃まで時給の高い早朝バイトをこなし、それから大学に行って授業を受け、夜8時に帰宅。自炊して食事をとり、風呂に入って就寝する毎日を送っていた。早起きなので飲み会など行けるわけがない。学校の課題は授業の合間に済ませる。その合間を縫って、大量のアニメやドラマを観る。とにかく忙しい。

仲間内でのコミュニケーションのため、ＬＩＮＥグループの和を保つため、30年前に比べればおそらく何十倍、何百倍もの本数が流通するコンテンツを、次々とチェックしなければならない。その量は早送りしなければ消化できないし、慎重にリスクヘッジしなければ、ただでさえ貴重なお金をドブに捨ててしまう。

彼らはとにかく余裕がない。時間的にも、金銭的にも。そして何より精神的に。

第1章の記述を訂正しようと思う。彼らは不気味な宇宙人ではなかった。単に、筆者と生まれた時代が違っただけだ。

＊1　NTTドコモ モバイル社会研究所「2021年一般向けモバイル動向調査」2021年5月20日
＊2　日本の9人組のガールズグループ。プロデューサーはTWICEなどを手掛ける韓国のパク・ジニョン（JYP／J・Y・Park）。日韓合同のオーディションで選ばれ、2020年6月に結成された。
＊3　Iさんは野球観戦が趣味。
＊4　原田曜平『Z世代　若者はなぜインスタ・TikTokにハマるのか？』光文社新書、2020年
＊5　同前
＊6　「知識が浅いにもかかわらず、話題に乗じて急にある作品や人物のファンやオタクを自称しはじめた人」を指すインターネット発祥の言葉。基本的には蔑称。「最近、界隈ににわかが湧いてきた」、自虐的に「あ、私、にわかなんで」などと使用する。
＊7　原田曜平『新・オタク経済　3兆円市場の地殻大変動』朝日新書、2015年
＊8　原田曜平『Z世代　若者はなぜインスタ・TikTokにハマるのか？』光文社新書、2020年
＊9　牧島夢加「Z世代に流行する『ネタバレ消費』とは？〝失敗したくない〟若者のホンネ」Business Insider Japan、2021年6月16日
＊10　角幡唯介「『あなたの探検や本は社会の役に立ってないのでは』に言いたいこと」文春オンライン、2020年7月19日

第4章

好きなものを貶されたくない人たち

——「快適主義」という怪物

CHAPTER.4

視聴者のワガママ化

本章では、第2章と第3章で考察した倍速視聴の外的要因と内的要因を、「快適主義」という別の観点から再考察する。

映画もドラマも早送りを前提として撮っていないし、書いていない。それは、漫才師がコンマ1秒単位で間を計算して披露するネタを倍速で観てほしくはないのと同じだ。

しかし、それを指摘したところで倍速視聴積極派は言う。「どう観ようが勝手」「観方を押し付けるな」。作り手が倍速視聴に嫌悪感を示しても、関係ない。序章で触れたテクスト論、「文章を作者の意図に支配されたものと見るのではなく、あくまでも文章それ自体として読むべきだ」とする大層な鑑賞法ではない。きわめて気軽なピュアネス、「僕・私にとって、もっとも快適な形で作品を提供しない作り手が悪い」という気分すら見え隠れする。

あるいは、「好きな作品を観る、嫌いな作品は観ない」という当たり前の消費行動の延長上に、「好きなシーンは等倍で観る、嫌いなシーンは飛ばす」が当たり前に存在している。

ある大学生は、倍速視聴は視聴者のニーズの変化・進化の現れであり、特に驚くことではないとした上で、持論を述べた。「今までは作品単位で『好き・嫌い』がジャッジされていたところ、現在では作品内のシーン単位、感情単位で『好き・嫌い』が発生し、『嫌い』部分が飛ばされているだけ」

何か、作品鑑賞というものの根本的な定義が揺らいでいるようにも思える。

Ｔｗｉｔｔｅｒをはじめとした ＳＮＳの普及により、視聴者や読者が作者に対して直接、公開でメッセージ・感想・罵詈雑言を届けられるようになった。第2章で言及したラノベが良い例だ。ファンを自称する者が、「あのキャラは、そんなこと言いません」「そのラストは違うと思います」といったリプを飛ばしてくることもある。

いわゆる〝評論〟とは違う。ある種のワガママだ。

昨今聞く、「ハッピーエンドじゃない作品は見たくない」「主人公は清廉潔白《せいれんけっぱく》であってほしい」も、ワガママの範疇《はんちゅう》に入れていいのかもしれない。「好きなジャンルはラブロマンス」などとは異なる嗜好の性質である。

日芸でシナリオを専攻する学生のひとりは、あくまで個人的な所感であると断りながらも、最近増えてきているアニメ作品の傾向として、「味方キャラがみんな良い奴で、主人公の足を引っ張らない」「主人公が悩まずサバサバしていて無双する」を挙げた。

作品に「快適」だけを求める、とでも言おうか。

第2章で、説明セリフが少ない作品を不親切だと怒る観客を、「幼稚になってきている」と評したジェンコの真木太郎氏は、作品に快適だけを求める傾向もまた「観客の幼稚化のひとつでは」と漏らす。

「アニメ界隈というか、ある種のマニア気質のある人たちのあいだには、昔からそういう要素があったけど、それが広がってきてるよね。あとは、仮にそう思っていたとしても、声に出していいかどうかという節度がなくなってる。まさに幼稚化だよ。我慢強さが不足してる。これはもう、全世界的な傾向なんじゃないの」

難解な映画、難解な書物、難解な音楽。それらを無理して鑑賞したはいいが、やはり理解できなかった。ただ、それを「わからなかった」と言わないプライドや、口にしてしまう羞恥心は、せめて持っていたはず。そう言いたくなる年配層は少なくない。

しかし、そういう気運は今という時代にフィットしない。

ライトノベルの「快適主義」

このような「快適主義」とでも呼ぶべき傾向が幅を利かせているのが、アニメ作品の原作になることも多いライトノベル界隈である。その中でも人気を集める「なろう系」の基本フォーマットでよく見られるのが、「現代に生きる一般人が異世界に転生し、現代の知識・経験・テクノロジーをそのまま生かすことで、その世界で圧倒的な優位に立つ」といった類いの構図だ。前出の『ライトノベル・クロニクル　２０１０-２０２１』ではこの傾向を、「植民地主義的態度」と説明している。「(優位に立つ)文明が(劣位にある)野蛮を支配・啓蒙する」というわけだ。[*1]

同書は「なろう系」の特徴として他に、「主人公が面倒な役割は引き受けない」「複数の異性から言い寄られて結ばれる」といった要素も挙げている。いずれも快適さ優先の物語展開に大きく寄与するものだが、特に後者の「ハーレム状態」は歴史が長い。これは男性を主体としたアニメやアダルトゲーム分野でのオタク文化において、特に１９９０年代以降は定番の人気設定だった。

ハーレムとは、ひとりの男性主人公に対して複数の女性キャラクターが登場し、その各々が男性主人公に好意を示している状況のこと。ここで大事なのは、その男性主人公は何か努力してその地位を勝ち取ったのではなく、何らかの事情で既にその状況に〝在《あ》る〟ところから物語がスタートする点である。

しかも男性主人公の多くはそのモテ状態をひけらかさず、むしろ困惑し、あるいは鈍感でそのことに気づいておらず、周囲の女性たちはそのことでより一層男性への好意を募らせる(好意を素直に表明できない女性は〝ツンデレ〟という属性を与えられる)。

そういった下地、つまり「スタート時点でチート状態」という快適志向の発展・派生形として、現在のなろう系・異世界転生ものの隆盛がある。

もちろん、そういった王道を踏まない作品もある。が、ここではあくまで歴史的な主流、売れ線を中心としたいち傾向として認識することを許されたい。

ラノベ編集者・X氏の言葉も、それを裏付ける。

「異世界転生もの、あるいはファンタジー作品でも、『主人公が最強であること』は鉄板の要素です。マーケティングの結果、読者のノンストレスが一番だと判明しました。これに尽きるんです」

本来、物語は困難すなわちストレスとその克服がワンセットになることで成り立っている。主人公が窮地に陥るが、見事にそれを脱する。一度は裏切り者の烙印《らくいん》を押されるが、身の潔白が証明される、など。

しかしX氏によれば、読者は一瞬たりとも「どん底」を味わいたくない。

「2010年頃、うちの会社の新人賞に応募してきたある原稿が賞をとり、書籍化されました。僕もよく書けている作品だと思ったのですが、アマゾンレビューで星1つがつきまくったんです。調べてみると、主人公がクラス全員からハブられる展開がネックでした。〝読むのがつらいからやめます〟という人が驚くほど多かったんです。

僕の中では強烈な体験でしたね。どんな物語だって、特にライトノベルは、中盤沈んでも後半で巻き返すに決まっている。カタルシスが用意されていない作品なんてないし、読者だってそんなことわかっているはず。でも、不快なものは一行たりとも読みたくないという人が思いのほか多かったんです。販売営業から言われましたよ。『Amazonで星1つがつくようなのは、もう作らないでくださいね』って（笑）」

営業から作らないでくれと言われれば、そういった作品は書籍化されにくくなる。代わりに、快適さが終始途切れない（＝Amazonレビューで高得点をとりやすい）作品が優先的に書籍化されていく。

「当時『魔法科高校の劣等生』（佐島勤著、電撃文庫）という作品が大ヒットしていましたが、あれは〝最強の主人公〟の先駆け的な作品でした。主人公は頭から終わりまでずっと強い。一回も沈まない。当時も今も、そういうものが求められているんです」

この話を聞いたある大学生は、「癒しや安心を目的として作品を読む人、アニメなどを観る人が、つらい描写を見たくないと思うのは当たり前」とした上で、こう言った。「そのつらい描写をあまり見ないための手段として、倍速視聴が使われてもいいと思う」。たしかに2倍速で観ればつらさは半分になる。

ラノベではラブコメも人気ジャンルのひとつだ。SFやファンタジー要素と掛け合わされるものもあるが、「エキセントリックな女の子と、特に特徴のない男の子という組み合わせは鉄板」（X氏）だ。

なぜラブコメが好まれるのか。X氏に言わせれば、「主人公同士が絶対にくっつくとわかっているから」だ。ハッピーエンドが完全に保証されている。この二人は絶対にくっつく、という前提で物語がスタートする。

つまり、結末の快適が最初から保証されている。ネタバレ考察サイトを読んでから安心して映画を観る行動に、近からずとも遠からず。Z世代が嫌う「気持ちがアップダウンするストレス」（P・166）も発生しようがない。

ラノベは出来事のモンタージュ

ラノベのラブコメの読者はほぼ100％男性だ。女性の多くは少女漫画でラブコメを読むが、同じラブコメでもラノベではその性質がまったく違うとX氏は言う。

「少女漫画の恋愛描写はラノベに比べて圧倒的にリアリティが高い。展開は読めないし、文芸作品としての感情表現も、ずっと複雑です。一般的に、女の子は男の子に比べて恋愛リテラシーが高いですが、彼女たちが幼い頃から触れてきた少女漫画やTVの恋愛リアリティ・ショーがそこに寄与しているのは明白ですよね」

こと恋愛観に関しては、男の子のほうが女の子よりずっと幼稚。結果、男の子向け作品の恋愛描写は雑になる。

「少女漫画が1話かけてやる展開を、ラノベのラブコメは5行で済ませます。出来事の単純なモンタージュなんですよ。次々とシチュエーションが展開していく。心の動きを丹念に描くことは重要視していない。だから巻ごとに『夏合宿の巻』『温泉旅行の巻』なんて具合にはっきりしてる。1冊でワンシチュエーションなんです」(X氏)

心の動きを丹念に描くことが重要視されていないラノベ作品の忠実な映像化であれば、たしかに早送りしても支障がない。展開さえわかればいいからだ。

フローチャート的、ゲーム的な展開。そのような物語に「間」の概念などあるはずがない。なにやら、最初から早送り前提で書かれているようにも思える。

しかも、『夏合宿の巻』『温泉旅行の巻』などと単一エピソードに分かれているなら、それこそ連続ドラマで言うところの「話飛ばし」がしやすい。後からその巻だけ読み直せばいいからだ。X氏はそのことを「読んでないエピソードは、あとで拾えばいいので」と説明した。

巻ごとのワンシチュエーション。なぜそのような作りになってしまうのか。それは「人気がある限り続巻する」というラノベの性質上、致し方ない。

「仮に全3巻でおもしろく終われそうな物語でも、売れているからもっと続けましょうとなれば、もっと書かなければいけなくなる。なので、巻ごとに〝△△編〟〝□□編〟と、エピソードごとで区切る。新しい巻で過去のエピソードを書いてもいいように」

なるほど、高校生活ものなら、3年生時の夏合宿を描いた巻の次に、2年生時の温泉旅行エピソードを書いてもいいわけだ。時系列どおり書かなくてもよい。むしろ、律儀に時系列通り書き続けていたら、人気がある限り続巻することができなくなる。

期せずして、ラノベは映像化された際に「早送り」「10秒飛ばし」「話飛ばし」しやすい作りになっていた。

汗ひとつかかず指示を出す主人公が好まれる

快適主義は物語展開だけにとどまらない。「主人公の容姿がブサイクなのは嫌だ、かっこよくあってほしい」という読者の願いも売上を左右する。

さらにおもしろいのが、X氏の指摘する「自分は汗ひとつかかず指示を出す主人公が好まれる」という傾向だ。

「昔は、自分で戦う〝戦士〟が主人公なのが当たり前でした。だけどある時期から〝軍師〟ポジションを主人公とする作品が増えたんです。美人の女剣士と軍師の主人公のコンビものなどですね。僕、これは『ポケモン』が影響してると思うんですよ」

『ポケットモンスター（ポケモン）』は、自分がポケモンマスターになり、従えているポケモン同士を戦わせるゲームだ。自分は戦わない。

「ポケモン世代が今のラノベに、戦士ではなく軍師の主人公や異世界転生してチート化する主人公を求めるのは、わからなくはないです。昔で言うと、仮面ライダーになりたい、戦隊モノのレッドになりたい、巨大ロボットのパイロットになりたい、じゃないんですよね」

X氏の考察はおもしろい。しかし『ポケットモンスター』の第1作発売は1996年。以降ゲームやアニメで途切れなく供給され続けてはいるが、いわゆるポケモン世代の最年長は2022年現在で30代だ。ラノベを読む若年層とは世代が合わないのではないか……と思いきや、そんなことはない。

今や、ラノベの読者は若年層に限らないからだ。

「ラノベ、あるいは新文芸と呼ばれるジャンルは単行本と文庫の市場があって、単行本はなろう系や異世界転生ものが主流。この中心読者は35歳から50歳です。一方の文庫はラブコメが主流で、こちらは10代から20代ですね」

この傾向を乱暴承知で解釈するなら、「うだつのあがらない中年男性が、主人公に自分を投影して〝最強〟の快適に浸る」「リアル恋愛に縁遠い若年層が、フィクションで恋愛の充足感を得る」だろうか。

快適主義が極まった、即物的な欲望の充足装置。

あるアニメ脚本家の女性は、昨今のラノベについて「当初よりも明確な答えのない物語は好まれなくなり、ある意味読み捨てできるような題材が選ばれ、キャラの行動や感情が非常に明確で行間がない」と手厳しい。

エンタメに「心が豊かになること」なんて求めていない

視聴者のワガママ化、ある種の快適主義を「当然」と言うのは、前出の森永真弓氏だ。

「エンタメに対して〝心が豊かになること〟ではなく、〝ストレスの解消〟を求めれば、当然そうなります。心に余裕がない、完全にストレス過多なんですよ、特に若い世代は」

このことは、「スポーツを観戦する若者が減っている」という事実からも明らかだという。

森永氏は続けて語る。

「ストレス解消が目的なので、応援しているチームが勝つ場面しか見たくない。でも、スポーツは応援したからといって必ず勝つわけではありませんよね。言ってみれば、〝リターンの博打《ばくち》度が高い〟。だから、勝った試合のダイジェスト映像だけを見る。もしくは、特定のチームを応援せず、ファインプレーや点が入った〝かっこよくて気持ちいい〟シーンだけを見る」

もはやスポーツファンではない。スポーツユーザーだ。

「日本のサッカー観戦ファンは高齢化の傾向が心配されていますし、スポーツコンテンツ王国のアメリカですら、ファンの高齢化に悩んでいるのが実情です」

まさに、快適だけを求める志向だ。

いくら脚本の質が高くても、重苦しいテーマのＴＶドラマは視聴率が取れないとは、よく言われる。シリアスな社会問題を背景に描こうとも、必ずコメディ要素を差し挟むべし。あるいは、わかりやすい謎解きや勧善懲悪のカタルシスは必須。脳みそを回し続けなければ理解できない複雑な伏線や、込み入った群像劇、高度な皮肉交じりのウイットはご法度。

一日中、したくもない仕事をしてストレスを溜め込んで帰ってきて、あるいはＬＩＮＥグループの人間関係に疲れ果てているのに、考えさせられるドラマなんぞ観たくはない。だからこそＴＶドラマにもスポーツ番組にも、ストレス解消という機能を求める。

自分にとって快適なものだけを摂取したい。それを突き詰めると、「自分にとって快適な視聴方法で観たい」に至るのは自然なことなのかもしれない。不快だったり退屈だったりするシーンは飛ばしたい。見たくない。

そうして彼らは、倍速視聴に至る。

結末までのダイジェスト映像やあらすじを読み込み、「問題なし」とジャッジしてからようやく本編を見はじめる気持ちも、これなら理解できる。彼らはコスパ追求のために「外したくない」のと同時に、不快なものの摂取を巧妙に避けている。残酷シーンが苦手な映画をあらかじめフィルターで弾《はじ》くのは、その一例だ。

人生の大事な時間を快適にすごすための、立派な自己防衛策である。

スマホゲームの快〝楽〟主義

快適主義はスマホゲームにも見られる。スマホゲームのストーリー部分をスキップするユーザーの存在だ。[*2]

スマホに限らず昨今のゲームは、実際に操作してゲームを進めるパートの合間に、グラフィックとテキストで物語を紡ぐストーリーパートを配置させているものが多い。その視聴は必ずしもゲームを進めるにあたって必要ではないが、プレイヤーをゲームの世界観に浸らせる役割を担っている。テキストだけではない。声優がフルボイスで喋ることを売りにする作品もある。

ただ、少しでも早くゲームを進めたい、アイテムを集めたい、経験値や金稼ぎのバトルやキャラクター育成に時間を費やしたいプレイヤーにとって、ストーリー部分をのんびり視聴している暇はない。スマホゲームは移動中の隙間時間にプレイされることも多いので、その意味でも、悠長にドラマを味わう余裕がない。

テンポよくＴｏ Ｄｏをこなし、効率的にゲームを進めたい。だからスキップする。倍速視聴や10秒飛ばしに近い行動だ。

さらに、スマホゲームとスキップの相性を考える上で、「ガチャ」と呼ばれる快楽発生システムの存在は無視できない。Ｐ・１７３でも解説したが、ガチャとは特定のアイテムがランダムに当たる有料くじのようなものだ。

中でも「コンプガチャ」と呼ばれる「普通のガチャを複数回行って得られる特定の複数アイテムをすべて集める（コンプリートする）ことで、レアなアイテムが得られるガチャ」は、射幸性が高く大量課金を伴うため、日本では２０１２年頃に社会問題になった。未成年者が親のクレジットカードを無断使用して大金を使い込む事件が発生したのだ。

ガチャは要するにギャンブルである。目的はエンタテインメント作品の体験的鑑賞ではなく、手っ取り早く脳内麻薬を出すこと。即物的で、刺激的で、麻薬的。だからハマる。快適主義の上位互換、いわば「快楽主義」だ。

多くのプレイヤーがある種のスマホゲームを、ガチャの即物的快楽を目的にプレイしているのは明らかだ。Ｔｗｉｔｔｅｒを覗けば、ガチャの結果に一喜一憂する投稿があふれている。ストーリーなど、どうでもいい。だから飛ばす。

第１章で、倍速視聴を「料理をミキサーにかけること」にたとえた留学生・陳質文氏は無類のゲーム好きで、関連する論文にもよく目を通している。その彼の持論がおもしろい。一般的な据え置き型ビデオゲーム（Nintendo Switch やプレイステーション５等）のプレイヤーは「ゲームを楽しむ」のに対し、スマホゲームのプレイヤーは「刺激を楽しむ」というのだ。これは、本書が最初に設定した「鑑賞」と「消費」の定義に近い。「鑑賞」とは、その行為自体が目的となっている行為、「消費」は別の実利的な目的が設定されている行為だ。

さらに、スマホゲームのガチャは、本来プレイヤーが強くなるために必要な鍛錬の時間を、お金で買っている。「効率」という旗印《はたじるし》のもとに。

「現代人は時間がない。エンタテインメントに費やせる時間が30分あったとしても、その30

分で確実に満足感を得られる保証がなければ手を出さない。その点スマホゲームなら、時間とお金さえあれば確実に満足感を得られます」（陳氏）

確実性。最短距離の快適。倍速視聴との共通点は多い。陳氏は言う。

「『自分がゲーマーである』という意識は心理学で言う『学習（learning）』から来ます。学習してスキルが上がっていくという実感。だからビデオゲームのプレイヤーは『自分はゲーマーである』というアイデンティティを獲得しますが、スマホゲームのプレイヤーは自らをゲーマーであるとは認識しない」

これを映像視聴に当てはめるなら、倍速視聴が習慣化している人たちは、自分たちが「作品の鑑賞者である」という意識に乏しい。

では何か。「コンテンツの消費者」だ。

なお、2020年度の家庭用ゲームユーザー（陳氏が言うところのビデオゲームユーザー）人口は日本国内で2707万人だが、スマホアプリのゲームユーザーはその1・5倍、3976万人もいる。[*3]

見たいものだけを見たい

快適主義をより感覚的に言い換えるなら、「見たいものだけを見たい」になる。これはZ世代がとりわけ強く持っている生理だ。

原田曜平は、「スマホ第一世代である彼らは、スマホやSNSで企業やメディアからターゲティングされており、『自分の見たい情報』だけを見て生活するようになっている」とし、その結果「自分が絶対に共感する情報にしか触れずに生活しているZ世代は、自分にとって違和感のある情報に接すると、大きな拒絶反応を示す」と分析する。*4

Z世代が物心ついた頃から親しんできたインターネットは、見たいものだけを見るにはうってつけの、それ自体が巨大なメディアだ。

新聞・雑誌とインターネットとの大きな違いは何か。紙面・誌面の存在する前者は、自分が特に興味のない記事や広告もなんとなく目に触れる作りだが、後者では見出しクリックで読みたい記事だけを読む。すなわち、ぱっと見で興味のない記事は視界にすら入れなくてよい。Ｔｗｉｔｔｅｒの場合、「ミュートするキーワード」を設定すれば、そのキーワードを含むツイートがタイムラインに表示されなくなる。不快な話題や目にしたくないネタバレ投稿などを高い精度で視界から排除できるのだ。

やがてサイト側や広告側のアルゴリズム解析によって、ユーザーひとりひとりの興味が正確に分析され、そのユーザーが興味のある記事や広告が優先的に表示されるようになる。より一層、興味のないコンテンツは視界に入らない。興味のある情報だけが、勝手に降ってくるようになる。ユーザーが見たくない情報を遮断するフィルターのせいで、あたかも泡（バブル）に包まれたかのように、得たい情報しか見えなくなる。このようなインターネットの性質は、昨今「フィルターバブル」と呼ばれている。

映像視聴習慣も同じ状況にさらされている。

スマホやタブレットや個人ＰＣが普及した社会の子供たちは、リビングのＴＶで親が見ている番組を一緒に観る必要がない。自分が観たいものだけを選び抜ける。

選び抜くことが普通になっている状態では、最初から狙っていたコンテンツ以外に期せずして時間を割くことは無駄だと認定され、ストレスとなる。

かつてアダルト雑誌は、グラビアページ以外にモノクロの読み物ページがあり、そこで編集者が野心的な企画を好き放題にやったり、気鋭のライターが気合いの入ったコラムを書いたりしていた。読者が購入する目的は、当然ながらポルノグラフィ。しかし「せっかく買ったんだから、読まないともったいない」と読み物にも目を通し、想定外の知的刺激を受け、サブカルチャー気運が醸成されていった。想定外が文化を生んだのだ。

しかし現在、想定外のコンテンツ消費は、問答無用で「コスパが悪い」とされてしまう。

好きなものだけつまみ食い――ピッキー・オーディエンス

ただし、「見たいものだけを見たい」はZ世代の専売特許ではない。昨今、全世代な気運になりつつある。

博報堂ＤＹメディアパートナーズ　メディア環境研究所は、２０２１年7月に発表したレポート[*5]で生活者たちのメディア接触傾向がどのように変化したかを報じているが、とりわけ浮き彫りになったのは、コロナ禍で映像コンテンツを「なんとなく見る」人が減少した傾向である。たとえば、以下のような声だ。

「いいものがなかったら、テレビを見るのをやめるようになった。スマホに入れたｒａｄ

ｉｋｏをつけるか、ネットでＹｏｕＴｕｂｅやＡｍａｚｏｎプライム・ビデオ、ＴＶｅｒなどを見るようになった」（Sさん、37歳）

「自分の好きな情報を得られたらいいと思う。興味のないことは頭に入ってこない。（中略）コロナなど重要なことは必要だと思うけど、それ以外は自分で選択して見ればいい」（Fさん、26歳）

「情報が偏っているとしても選抜されたニュースだけでいい。自分が好きな世界で生きていられればいい」（Nさん、39歳）

「（選ぶ基準については）誰が発信しているかは、関係ない。そのコンテンツに対して、（自分が）興味を示せるかということだけ」（Fさん、63歳）

好きな情報やコンテンツしか見たくない。興味のないことは視界から外したい。偏っていてもいいから、好きなものだけに囲まれていたい。映像娯楽コンテンツに限らずニュースなどの情報についても、それを貫きたい。

同レポートではこういった「〝なんとなく〟の時間を問い直し、自分の気分に合ったメディア・コンテンツを選り好みする生活者」のことを「Picky Audience（ピッキー・オーディエンス)」と名付けている。pick とは「選ぶ」。ピックアップのピック。レストランのバイキングで、好きな料理を好きなように皿に取る行為のイメージだ。

インターネットの普及と浸透によって人々は――全世代的に――多すぎる情報とコンテンツに辟易《へきえき》している。心が疲れている。

そこにきて、自分の好きな情報やコンテンツだけで視界を埋める術が、同じインターネットによって実現した。最初から同じ意見の人だけをフォローするSNS、興味のあるニュースが先頭に来るよう快適にカスタマイズされたニュースサイト。外野の無粋な異論・反論がシャットアウトされている有料オンラインサロン。

多くの動画共有サイトや定額制動画配信サイトが、ユーザーひとりひとりの視聴履歴に応じて「おすすめ作品」「次に観るべき作品」をレコメンドしてくれる。趣味に合わない作品は、最初から選択肢から外しておいてくれる。

その恩恵を享受しているのは、なにも若年層だけではないということだ。

ピッキー・オーディエンスについて考えれば考えるほど、昨今よく言われる「ポスト・トゥルース」という言葉が浮かぶ。世論において、事実よりも個人の感情に訴えかける虚偽のほうが強い影響力を持つ状況のことだが、一言で言えば「信じたいものを信じる」だ。フェイク・ニュース蔓延の温床としてもよく知られている。

「見たいものしか見ない」と「信じたいものしか信じない」。視聴者のワガママ化と快適主義。ピッキー・オーディエンス。

「『ラノベの主人公が窮地に陥ってほしくない』のと一緒。自分の望む物語を楽しむためにノイズは要らないんですよ。自分の信条に引っかかる展開が、すなわちノイズ。主人公がつらい目に遭《あ》うとか、好きな子に振られるとか、そういう〝ロー〟な展開はいらないんです。物語を快適に消費するためには」（X氏）

見たい展開だけを見たい、心を揺さぶられたくない

映像視聴の快適主義が極まっていくと、ラノベ同様「自分が想定した展開を見たい」という視聴者のワガママが顔を出し始める。その理由としてよく聞くのが、「気持ちを乱されたくない」だ。

ヒアリングしたある女性（30代）は、ドラマを観る場合はあらすじを先に最後まで読む。先々に出てくる登場人物の顔と名前とプロフィールもすべて頭に入れておく。その上で第1

話から見始める。

「ミステリーもので、『この人、殺されるのかな？　助かるのかな？』ってドキドキするのが苦手なんです。突然殺されてびっくりさせられるのも嫌。込み入った話についていけなくなって『え、これどういう意味だっけ？』ってなるのも気持ち悪いから避けたい。娯楽のために観てるのに、それだと全然楽しめないじゃないですか」

彼女にとっては、「めくるめく展開」や「予想もしないどんでん返し」や「複雑で込み入った物語」はすべて不快。ゆえに避けたいのだ。

彼女にとって好ましい物語とは、「思っていた通りになる」物語である。である以上、「思っていた通りの話はつまらないですよね」とか「思っていたのと違う展開になるからおもしろいんじゃないですか？」と言ったところで、説得することはできない。ジェットコースターが苦手な人に「あんなに楽しいのに、なんで？」と聞くのに等しい。愚問である。

ある大学生は、「高校生の妹が『心が揺さぶられるのが嫌だから、泣く映画かどうか先に知ってから観たい』と言っていて驚いた」と報告してくれた。これも「気持ちを乱されたくない」の一形態だ。

共感至上主義と他者性の欠如

「心が揺さぶられる」状態を避けるメンタリティのバリエーションとして、昨今は「共感性羞恥《きょうかんせいしゅうち》」がポピュラーな感覚として共感者を増やしつつある。他人が失敗したり、恥をかいたりしているのを見ると、それがフィクションの中の出来事であっても自分まで恥ずかしい気持ちになってしまうというものだ。共感性羞恥を強く感じる人は、TV番組のドッキリ企画すら見ることができない。楽しめないのだ。ある種の人々が映像作品に求める「快適主義」に近いものがある。

そもそも、映像作品の良し悪しを判断する基準が「登場人物に共感できるかどうか」に寄りすぎている昨今の傾向も、気にかかる。たしかに、共感できるかどうかは物語の魅力のひとつではある。しかし一方で、到底共感できない人物の行動を目の当たりにすることで、人間という存在がいかに多様で複雑であるかを、畏怖や敬意や驚嘆とともに理解する。これも鑑賞行為の豊かさを構成する、欠くべからざる要素だろう。

この世界には自分とまったく考えの異なる「他者」がいて、彼らは自分とまったく異なる行動原理に従って生きている。その価値観に同意する必要はないが、その価値観の存在は認めなければならないし、尊重しなければならない。尊重には「向き合い、理解する」義務も含まれる。しかし、物語や言説の価値を共感だけに求める者は、「共感できない価値観に向き合い、理解に努める」ことに慣れていない。それには大きなエネルギーを要する上、コスパが悪い（快適ではない）からだ。

結果、自分の考えを補強してくれる物語や言説だけを求め、ただただそれを強化することになる。その先にあるのは、他者視点の圧倒的な欠如だ。他者に対する想像力の喪失だ。彼らは「自分とは違う感じ方をする人間がこの世にいる」というきわめて当たり前の事実を、なぜか忘れてしまう。もしくは、そういう人間を安直に「敵認定」する。

やや特殊ではあるが、こんなケースを紹介しておこう。とある脚本家ワークショップでの話。ある既存の小説を映像用のシナリオに脚色するという課題で、脚本家志望の20代男性が担当講師に言った。

「見ていてつらくなるシーンは、カットしたいと思います」

驚いた講師が理由を聞くと「観ている人を嫌な気分にさせたくないじゃないですか」との答え。

彼はまた、オリジナルシナリオを書く課題でこう言い放った。

「男は書けません。女の子だけが出てくるシナリオを書きます」

仰天した講師がまたもその理由を聞くと、「かわいい女の子にしか興味ないので」。

彼を「変だ」というのは簡単だが、世の中には、ただただ観客の快適、あるいは快楽を満たすことに全精力を注いだ商業作品が（小林雄次氏いわく、特にアニメやラノベに）山ほどあるのも事実だ。その事実を前にして、彼をどう責めることができようか。

そしてこの話でもっとも驚くべきなのは、この彼が「自分がシナリオを書く作品の観客は、自分と完全に同じ感性の持ち主である」と、露《つゆ》ほども疑っていないということである。

感情を節約したい、好きなシーンを繰り返し見たい

映像視聴にあたって「気持ちを揺さぶられたくない」に類する気分として、「なるべく心を使いたくない」という意見も大学生から寄せられた。「通常速度で観て表現の微妙なニュアンスを受け取るには集中して心を使わなければならず、しんどいし疲れる。倍速でざっくり内容を把握したり、映像だけを楽しんだりするほうが快適」といった声もあった。

もっと直接的に「倍速視聴は感情移入しにくくなるから良い」という大学生もいた。普通に考えれば、感情移入が阻害されるのは作品鑑賞にとってマイナスのはずだが、心を揺さぶられないフラットな気持ちで鑑賞するためには、そのほうがいい。心のカロリーをあまり使いたくない。感情を節約したい。経済運転でいきたい。そのためには、あえて作品世界に入り込まないほうがいい、というわけだ。

彼らは日々大量の情報と物語を摂取するあまり、疲れている。ゆえに、コンテンツに対してはもっと淡白に接したい。毎日とんかつやステーキやカレーでもたれた胃が、味の薄いおかゆを求めるようなもの。脂っこい料理や刺激物は避け、消化器を酷使しなくてもよいものを摂取したいというわけだ。

若者たちにとって「カロリーを使わず経済運転で延々と動画を観る行為」は、スマホアプリとして供給される短尺ビデオ投稿プラットフォーム・ＴｉｋＴｏｋ（ティックトック）や、インスタグラムの「リール（短尺動画がランダムで次々と流れてくる機能）」で慣れっこだ。ある大学生は、この行為を「感情の変化ほぼなしで暇つぶしができる」とした上で、倍速視聴・10秒飛ばし習慣に結びつける。曰く、ＴｉｋＴｏｋやインスタグラムをダラダラ観るよう[*6]な人にとって、映像視聴は感情を揺さぶられる性質のものではない。それゆえ映画やドラマを観る際にも、無意識のうちに「感情を揺さぶられない」ような倍速視聴や10秒飛ばしをしてしまうのではないか、と。

第1章で『校閲ガール』や『賭ケグルイ』を繰り返し観ると話してくれた女子大学生Aさんは、同じものを繰り返し見る理由を「新しいものを観るのは体力がいるので」と説明していた。体力を使わない快適な鑑賞。これも経済運転、〝胃に優しい食事〟のひとつだ。

その意味で、好きなシーン「だけ」を繰り返し、気が済むまで観続けるのは快適主義の究極だ。[*7] ヒアリングした大学生たちも、各々に好きな作品のフェイバリットシーンを何回も何十回も観る。その理由は「心地いいから」「スカッとするから」「癒やされるから」「骨の髄まで味わいたいから」と、さまざま。ここにおいて映像は「作品」ではなく、機能性食品のようなものだ。服用すれば、必ず期待通りの効果が現れる。

作品を鑑賞する行為が「do」なら、シーン単位の繰り返し視聴は「be」だ。意欲的・能動的に観ることが目的なのではなく、浸っていて心地良い状態であることに価値を見出す。

その意味で繰り返し視聴には、第2章で脚本家の佐藤大氏が指摘したオープンワールドゲームに近い効能がある。

ある種のオープンワールドゲームは、ストーリーは存在するものの、それを無視して世界に〝居続ける〟だけでも楽しめるように設計されている。コロナ禍の日本で大人気を博した『あつまれ　どうぶつの森』（Nintendo Switch）は、カテゴリ上オープンワールドゲームではないものの、同じような「居続けるだけで楽しい」効能をプレイヤーにもたらした。

ゲームのクリア、すなわち物語を終了させて終わりではない。「do」ではなく「be」。

それをゲームでやるのではなく、物語上結末のある映像作品で、視聴者が勝手に切り出す行為として表出したのが「シーン単位の繰り返し視聴」だ。

ちなみに、『映画を早送りで観る人たち』の出現が示す、恐ろしい未来」の記事が掲載された際、「自分もＡＶ（アダルトビデオ）では早送りする」といったお茶目な反応が複数あった。たしかに、〝目的〟のために〝物語〟を無視して〝お目当てのシーン〟だけを〝繰り返し〟視聴する映像ポルノは、快適主義が求めるものと要素としては同じだ。

評論が読まれない時代

快適主義を別の方向から考えてみよう。今、映画の評論本が売れない。

評論とは、作品について論じること。辞書の説明に倣《なら》うなら「物事の価値・善悪・優劣などを批評し論じること。また、その文章」[*8]。良い点も悪い点も指摘し、公平かつ客観性をもって論じることである。

評論本というものが、もともとすごく売れるジャンルではないにしても、それに輪をかけて売れなくなってきている現状がある。

映像作品に関する雑誌・ムック・書籍を主に刊行する中堅出版社で20年近く販売営業職に就くQ氏は、「評論本はよほどのことがない限り、元が取れない」と言う[*9]。

「高名な映画評論家の著書でも、初版は3000部。消化率（実売数）は良くて六割五分。だから編集から企画が上がっても、社内稟議《りんぎ》の段階でストップしてしまう。プラスアルファの要因がないと、なかなか企画が通らないんですよ」[*10]

3000×0・65＝1950。つまり2000部も売れない。名前は伏せるが、Q氏が例として挙げた映画評論家は日本で五指に入る大御所だった。

一方で、人気作や出演俳優の「ファンブック」はよく売れる。ファンブック、すなわち、作品を絶賛する出版物。

ネット上のテキストにも、同じことが言える。両手放しの絶賛テキストのほうが、評論テキストよりもずっと読まれるし、SNSで拡散される。ぬるい大絶賛記事のほうが、切れ味鋭い客観分析記事よりもＰＶを取りやすい現実は、カルチャー系のライターなら誰もが知るところ。そのＰＶが逆転することは、非常に稀だ。

映画評論は１９８０年代まで売れていた

ただ、過去国内において映画評論が売れていた時代は、たしかにあった。

たとえば、１９６０年代から１９７０年代にかけては、安保闘争やベトナム反戦運動に勤しむ学生たちの間で、ＡＴＧ（日本アート・シアター・ギルド）作品を論じる文化的気運が盛り上がった。ＡＴＧとは、既存の娯楽作品とは一線を画す非商業映画を積極的に製作・配給していた映画会社。大手資本の論理に組み込まれない同社のスタンスに共鳴した若者たちが、そこから発信される作品と向き合う評論空間を作り上げていったのだ。

１９８０年代半ばには、浅田《あさだ》彰《あきら》、中沢新一《なかざわしんいち》を中心的な担い手とする「ニューアカ（ニュー・アカデミズム）」ブームが訪れる。現代思想の啓蒙的な側面だけでなく、バブルに向かう日本の消費社会化と広告文化の発展機運を背景として、芸術やポップカルチャーといった従来の学問の外にまで批評の射程を伸ばしていたのが、このムーブメントの特徴だった。そこには当然映画評論も含まれている。知的でありたいと欲求する若者たち（＝消費社会および広告文化の担い手）の一部はこの流れに乗り、難解な言葉で文化を語る喜びに浸っていた。

　並行して1983年には、ミニシアター（独自性・作家性の高い作品を上映する映画館）の中核的存在であるシネ・ヴィヴァン六本木がオープン。ジャン＝リュック・ゴダール作品、エリック・ロメール作品といったヨーロッパ映画が上映され、そこにカルチャー感度の高い若者層が集うことで、（ファッション的、表層的な側面は多分にあったものの）文化的・知的なテクストとして映画が取り扱われていく。

　また、1980年代は、ヴィム・ヴェンダース、ジム・ジャームッシュ、スパイク・リー、アキ・カウリスマキ、ピーター・グリーナウェイ、エドワード・ヤン、ウォン・カーウァイといった、才能あふれる新進気鋭の監督が世界各国から次々と登場した、映画界にとっては超豊作期でもあった。彼らの刺激的で論じがいのある作品が若い観客に刺激を与え、評論空間を活発化させる。

　このように若者と映画評論が比較的身近だった時代は、いわゆるミニシアターブームが継続していた1990年代中盤まで続いたが、当時をよく知る古参の出版関係者によれば、1990年代半ば[*11]までは映画の評論本も「それなりに売れていた」という。彼によれば、『惑星ソラリス』（１９７２年）などで知られるロシアの映画監督アンドレイ・タルコフスキーの映画論が８０００部も売れ、某映画専門誌の実売部数が現在の３倍ほどもあった。それが１９８０年代だ。

しかし１９９０年代後半以降の映画興業形態はシネコン（シネマコンプレックス／複数のスクリーンを持つ比較的大規模な映画館）が主流となり、ミニシアターの存在感は小さくなっていった。利潤追求に特化したシネコンは人気作を複数のスクリーンで上映する一方、人気がない作品の上映回数を容赦なく減らし、早々に打ち切る。番組編成の根拠が数の論理・人気投票に傾きやすいのだ。

大量動員が見込める映画は上映スクリーン数でますます優遇される一方、それまでミニシアターでかかっていた「癖のある、作家性の強い作品」は上映機会が減っていく。と同時に、２０００年代は１９８０年代ほどの勢いでは気鋭の監督が登場しなくなったため、評論空間の盛り上がりも往時ほどではなくなった。

極めつきは２０００年代前半に急速普及したインターネットの存在である。ネットには、ある映画作品について書かれた無料のテキストが山のように落ちている。そこに上質な言説が含まれていないわけではないが、大半は単なる紹介文や一般客の感想レベルの文章だ。しかし多くの人間は、その程度の情報でなんとなく満足してしまう。

インターネットがなかった時代は、作品情報を得るために有料の出版物、たとえば映画雑誌などを買い求めることで、一定の品質が担保された評論に、少なくとも「触れる機会」はあった。そこには読者の読解レベルを超えるものも多々あったが、それこそ「他者」の視点から作品を観る行為を学ぶ機能も有していたはずだ。

そうして評論に触れた何人かにひとりは、「映画評論を読む」ことが習慣化していったわけだが、そのような機会はインターネットが根こそぎ奪っていった。

こうして考えると、若者が映画評論に興味がない現状を嘆くのが決まって〝文化系中年〟であることの説明がつく。彼ら——概ね１９７０年代前半以前に生まれた世代——は映画評論に比較的活力があった最後の時代の記憶が、思春期以降のカルチャーリテラシーをもっていまだ脳内に刻まれている。結果、「自分たちと違って今の若者は評論を読まない。けしからん！」という説教くさい感情を持ちやすいのだ。

体系的な鑑賞を嫌う若者たち

とはいえ、若者に支持されている気鋭の監督が現在の映画界に存在しないわけではない。若者が身近に感じられる社会派作品は作られている。また、ミニシアターは減ったかもしれないが、動画配信サービスの存在は、１９８０年代や１９９０年代とは比べ物にならないほど世界中・多種多様の映画を、同じく比べ物にならないほど安価に観られる環境をもたらした。その作品について多くの人が論じ合う空間としては、ＳＮＳといううってつけの場所も用意されている。

しかし、やはり評論のニーズは明らかに低下している。

評論が読まれなくなった理由として考えられるのは、おもに2つ。

ひとつめは、作品を体系的に観る習慣をもたない、コスパ重視思考の若者が増えたから。

「体系的に観る」とは、一例として、以下のような鑑賞法のことを言う。特定の監督や脚本家などの過去作を時系列順に観て、作風の変化を確認する。ホラー映画ならホラー映画の、ギャング映画ならギャング映画の、ジャンルとしての変遷を追いかける。「ヌーベルヴァーグ」や「アメリカン・ニューシネマ」といった同時代映画の潮流を意識しながら観る。アニメなら、スタジオや作画監督を追いかけたり、「ガンダムシリーズ」「プリキュアシリーズ」「東映魔女っ子アニメ」といったカテゴリ単位で視聴したりすることも、体系的視聴の一例だ。

硬派な映画専門誌に寄稿するような老練の評論家には、類似作や作り手の過去作、あるいはその作品が生まれた時代性とともに作品を腑分けする手つきがよく見られる。つまり、ある作品を単体ではなく、それが含まれる潮流を体系的に捉えることで、批評的視点を発見するのだ。

となれば当然、読み手もその体系に含まれる作品群について、ある程度の知識や視聴経験がなければ、彼の書く評論を味わうことはできない。

しかし、「外したくない」ばかりに、おすすめされたお墨付き作品だけを上から順番にチェックしていく鑑賞姿勢は、体系的な鑑賞とは程遠い。

「体系的に観る」作品の中には当然、明らかな駄作や自分の好みに合わない作品も山ほど含まれる。「観るべき作品をリストにして教えてほしい」と主張するタイパ重視派とは、きわめて相性の悪い鑑賞スタイルだ。

結果、作品を体系的にとらえることを読者に求めるような評論は、彼らにとっては縁遠いものとなる。

「ブラウザのタブを10個くらい開けて観る」Dさんは、最近観た映画で一番良かったのはスタジオジブリの『紅の豚』（監督・宮﨑駿）だった。しかし他のジブリ作品を観てみようとか、宮﨑駿の他の監督作を観てみようという気にはならないと彼は言う。

理由は「億劫《おっくう》だから」。

快適主義が徹底されているラノベには、従来からの文学作品のように「さまざまな作品を体系的に読み込み、批評する」という気運があまりみられない。『ライトノベル・クロニクル2010-2021』にも以下のような記述がある。少し長いが拾ってみよう。

「ラノベはその時々に流行っているものはあっても、ジャンル読者が遡って参照すべき（というより実際に参照して読み継がれている）作品がない。編集者も作家も『過去の名作を読まないと話にならない』などということはない。ラノベには『現在』しかない。（中略）言語化作業や歴史化する意志は希薄で、ｂｌｏｇやＴｗｉｔｔｅｒレベルを超えた議論はなかなか蓄積されない。されたところで、ジャンル読者に対してほとんど影響を持たない」[*12]

映画を監督で観ない

「体系的な映画の観方」でもっとも手軽なのが、監督名で映画を観ることだ。しかし映画関係者は口々に「映画を監督で観る人が減った」とこぼす。

大学生たち何人かに「最近観た、一番良かった映画」を対面で聞いてみた。近年の日本映画が何本か挙がる。ただ、監督名は誰も答えられない。

Gさん（女性・大学2年生）が挙げたのは綾野剛《あやのごう》主演の『ヤクザと家族 The Family』（2021年）、誰が監督したかなど気に留めたこともない。

Amazonプライム・ビデオでアニメや韓国ドラマをよく観るというJさん（女性・大学2年生）は、マーベルのアメコミ映画も大好き。しかし監督名が言える作品は1本もなかった。

Fさん（女性・大学2年生）は『プラダを着た悪魔』（2006年）と『マイ・インターン』（2015年）が大好きで、何度も観ている。両作とも主演はアン・ハサウェイ。しかし監督名は言えない。考えたこともないそうだ。

彼女たちは、監督が映画作品にとって重要な要素だとは考えていない。Fさんに、そんなに好きなら誰が監督なのかを知りたいとは思わないのかと聞いた。

「興味がないです。私が好きなのは物語であって、監督が誰であるとかは、特に」

しかし、作品のクオリティを担保する総責任者は監督のはずだ。

「映画自体が〝表〟だとしたら、その作り手って〝裏〟じゃないですか。私は〝表〟を純粋に楽しみたいのであって、〝裏〟には興味がないんです」

その〝表〟を作っているのは〝裏〟の人であって……といくら説明しても彼女には通じない。平行線だった。

Eさん（男性・大学2年生）も「監督はほとんど気にしたことがない」という。Fさんにしたのと同じ質問をしても、「映画の単体で判断する」「おもしろいと思った映画を観る」「俳優やストーリーを重視するんで。監督はそこまで大きな要素ではない」「映画を純粋に楽しんでいるだけなので……」といった説明が並ぶ。

Bさん（男性・大学2年生）も監督は気にしない。「この監督だからこれができた、みたいなことは感じませんね」

彼らは映画監督という職業に対し、作家性を支配する総責任者という認識はほとんど持っていない。[*13]

アニメ業界において原作を忠実に再現するタイプの作品が多い事実（P・107）は、この傾向に拍車をかけている。原作つきの作品が大学生たちの視界のほとんどを占めていれば、彼らにとってそれを映像化する人とは、別の建築家が引いた図面（＝原作）にしたがって実際に家を建てる「大工」のような存在なのかもしれない（だとすれば〝現場監督〟は理に適った役職名だ）。

X氏はラノベの読まれ方に、共通性を見出す。

「ラノベって、映画でいうところの監督、つまり書き手にファンがまったくつかないんですよ。ほんの一部の人を除いては。一般の文芸書とは全然違うんです。この作家の文体が好き、とかもほとんどない。だからデビュー作が売れた作家の2作目がまったく売れないのはザラ。ライトノベル自体がジャンル消費なんです」

作家ではなく、ジャンルで作品を選ぶ。「なろう系・異世界転生」「追放もの」「年の差カップル」「お隣さんもの」「ウザキャラ」「百合」など。作風や哲学や思想性というよりは、「置いてある棚の分類」で選ばれる。

「私の彼氏を悪く言わないで！」

評論が読まれなくなったもうひとつの理由。それは、評論家のような権威的な存在から、あるいは自信満々な気鋭の書き手から、上から目線で「正しい観方《みかた》」なんて教わりたくないという反発心が、特に若年層のあいだで強いからだ。

Bさんは評論をまったく読まない。目に入って読むことがなくはないが、何かの参考にはしない。理由は「別に誰が何を感じてようが関係ないし、その作品を観て自分が楽しければそれでいい。他の人がこれをこう感じたとか、そういうのはあんまり気にしない」から。これもある種の、他者視点の欠如である。

彼らは、作品の謎や裏設定を解説する考察サイトや、ストーリーを最後まで詳しく記述するネタバレサイトは読んでも、評論は読まない。自分とは感性の異なる個人が、その感性をもって指摘する作品の良し悪しや腑分けには、それほど興味がない。

求めているのは中立的で客観的、かつ自分にとって有用性の高い情報や解説であって、誰かの個人的な所感ではないのだ。

「こないだも友達同士で『るろうに剣心』の話題になって、自分が知らなかったことを別のやつが知ってたので『すごい』とは思いましたけど、それは友達だから。どこかの知らないおっさんが、俺はこう思うとか書いたものを読んでも、何もおもしろくない」（Bさん）

なんだか偉そうな肩書のついている他人が、自分の愛している作品を勝手に分析したり、採点したり、腑分けしてああだこうだとかき混ぜたりすることには、我慢がならない。ましてや、良い点だけでなく悪い点まであげつらって、「ここが良くない」などと意地悪に指摘するなんて、不愉快極まりないというわけだ。

彼らは自分が絶賛したものを絶賛しているテキストしか目に入れたくない。求めているのは多種多様な感想や解釈ではなく共感だ。それゆえ評論ではなくファンブックを買う。自分が好きなものを全肯定してくれる言説しか読みたくない。

ここでヒントになるのが、森永氏による「オタクになりたい若者たちが目指すのは〝推し活動の楽しさ〟である」という主旨の指摘（P・143）だ。

「推し活動であれば、自分が気に入っている作品を〝貶《けな》されたくない〟のは当然です。客観分析なんて必要としていない。推し活動は、推しが輝いていることが重要なので、輝きを失わせるようなことは言わないでくれますか？　という話です。『私の彼氏／俺の彼女を悪く

言わないで！』と同じメンタリティですね」（森永氏）

無論、そういった観客がすべてではない。大傑作だと思う作品に対して、まったく異なる視点から切り込まれた評論に耳を傾け、「なるほど、そういう観方もあるのか」と納得する人も、もちろんいる。あるいは、その評論は妥当ではないと感じ、議論を戦わせる人も。

しかし、そういう行為には、相応の心の余裕と、脳を回すだけの思考コストがかかる。ストレス過多で、エンタメを鑑賞する目的が「ストレス解消」の人間が、そんなことはしないだろう。

好きな作品を、好きな角度から、好きなように観て、ただただ愛《め》でたい。彼らが欲しいのは、純度の高い〝快適〟だけなのだ。

評論家とは偉大なジェネラリスト

作品評は独立したひとつの表現ジャンルである。評論は決して、ある作品の紹介文やバイヤーズガイドではない。ましてや、詳細なあらすじの記述やうんちく解説を評論とは呼ばない。

評論は、俎上《そじょう》に載せた作品について語る構えを取りながらも、実は書き手が〝己《おのれ》〟を語る性質が強い。評論とは、書き手が自らの思想や視点（の独自性や新規性）を披露する表現行為である。

評論を敬遠する人たちが鼻につくのは、まさにそこなのだ。知りたいのは作品内容の深い理解であって、書き手の〝己〟ではない。そこで、「評論というプロセスこそが、作品に対する多面的な見方を提示し、結果として理解が深まるのではないか」という反論は聞き入れられない。

評論家を「偉大なるジェネラリスト」と見立てることもできる。

腕のある評論家は、看板を掲げているジャンル以外にもさまざまな分野、教養に通じている。特定ジャンル（映画なり、文学なり、音楽なり）の評論家を名乗っていても、他のポップカルチャーや時事ネタ、学術・教養分野の理解や見識をもって、対象を多面的に論じることができるのだ。

気の利いた評論家は、映画を論じるのに映画の言語だけに頼らない。作品のテーマに古典文学からの引用を指摘し、画作りに印象派画家の構図を見出す。２００年前の歴史ドラマに最新のジェンダー問題を読み込み、アクション設計に日本のアニメカルチャーからの影響を発見する。作品内で描かれている事象を、普通の視聴者が決して思いつかない事象と結びつけ、構図の類似性を手際よく例示し、鮮やかに論じる。さしずめ〝知の運動神経〟披露会。それこそが評論の醍醐味だ。

「多岐にわたる知の分野に通じている」これらの資質は、紛れもなくジェネラリストのそれだ。しかも引き出しが単に多いだけではなく、目的の引き出しへのアクセススピードや例示の組み合わせセンスも卓越している。

しかし第3章で指摘したように、Z世代はジェネラリストにあまり価値を見出していない。彼らが求めるのは、わかりやすく履歴書に書けるような一芸に秀でたスペシャリスト。そうでないと個性がないとみなされ、社会でサバイブできない（＝会社内で希少価値のある人材になれない）と感じているからだ。

ここには、「直接的な人材ニーズに直結しないジェネラルな教養」より「職能的な意味でニーズが見込めるスペシャルな専門知」にある種のコスパを見出す若者気質が垣間見える。そのような若者気質を生み出した背景に、効率的なキャリア到達を求めるキャリアプラン策定圧や、終わりの見えない経済的低成長——要するに日本社会の精神的余裕のなさ——があるのは明らかだ。

評論なんてSNSにいくらでも落ちている？

「作品への賛否なんてSNSや個人サイトにいくらでも落ちているので、わざわざお金を出して評論本を買う必要がない」という意見も多い。Cさんも「今、Twitterで誰でも評論なんてできるじゃないですか。だからわざわざ映画評論家までたどり着かないんじゃないですかね。たとえば『エヴァンゲリオン』に関する評論ツイートで3万いいねとか行ってるやつが、みんながいいと言ってる評論だ、みたいな感じ」と言う。

上限140字の連投が評論なのかどうかはさておき、「いいね」の数がその良し悪しを決めるという〝判断基準〟が一定の市民権を得ているのは事実だ。

他方、Fさんは言う。

「よく観る作品がほとんど原作ものなので、解釈がわからなかったら、まず原作を読んじゃいます」

答えは原作にある。それ以上に正しい〝答え〟はない。「どこかの知らないおっさんが、俺はこう思うとか書いたもの」を読んだところで、正解にはたどり着けない。謎を解くことに特化した考察サイトや、あらすじネタバレサイトや、Ｗｉｋｉｐｅｄｉａのほうがよっぽど親切だ。ちゃんと機能に特化している。……ということだ。

彼らは1秒でも早く〝答え〟にたどり着きたい。そのためには、評論は遠回りすぎる。

インターネットを検索して出てきたものの信憑性を疑わない傾向は、若者であればあるほど顕著だ。論文の出典元一覧にＷｉｋｉｐｅｄｉａをしゃあしゃあと挙げてくる学生がいるんですよ、という教授の嘆きも聞く。彼らはインターネットには〝答え〟が書かれていると思い、検索で出てこないものは「存在しない」と断定する。

しかし、そうなってしまうのも仕方がない。彼らはインターネットの情報が有象無象《うぞうむぞう》だった時代にコンピューターを使っていない、あるいは生まれていないからだ。少なくとも2000年前後くらいまで、ネット上の情報は今以上にいい加減だった。その時代を体感していなければ、「インターネットの信憑性は低い」というのは味わえない感覚だ。明らかな世代的分断がある。

評論と言えば、映画はよく観ますと自称する大学生から「僕、こないだ〝評論〟を読んでから映画を観に行きました」と言われたのでよくよく聞いてみると、彼が〝評論〟と呼んでいたのは口コミサイトのことだった。

〝評論〟が何を指すかを知らない人間が相応の数いるとするならば、「SNSや個人サイトにいくらでも落ちているテキスト」と「わざわざお金を出して買う評論」の区別など、つけようもない。

書評に販促効果は必要なのか

SNSでのコンテンツ紹介と言えば、2021年には、評論の存在意義について考えさせられる騒動があった。

同年7月、TikTokで小説の動画紹介をしているけんご氏（当時23歳）が、1989年に刊行された筒井康隆《つついやすたか》の『残像に口紅を』を30秒ほどの動画で紹介したところ、なんと6回もの重版がかかり、合計11万5千部の増刷となったのである。どの出版社も初版数千部の新刊ですら販売に四苦八苦するご時世に、32年も前に刊行された小説が10万部単位で増刷。この件は朝日新聞で取り上げられ、出版業界では大きな話題となった。

ところが同年12月9日、このことに書評家の豊﨑由美氏（当時60歳）が嫌悪感を示す。同氏はTwitterに「わたしはTikTokみたいなもんで本を紹介して、そんな杜撰《ずさん》な紹介で本が売れたからって、だからどうしたとしか思いませんね。そんなのは一時の嵐。一時の嵐に翻弄されるのは馬鹿馬鹿しくないですか？　あの人、書評書けるんですか？」とツイートした。

この投稿は界隈に大きな波紋を巻き起こし、けんご氏は翌12月10日に「ＴｉｋＴｏｋでの投稿をお休みさせていただきます」とツイート（１ヶ月後の２０２２年１月14日に再開を宣言）。けんご氏支持派は「若者に本を買わせるほどの影響力を持ち、出版・書店業界も歓待しているインフルエンサーを、ベテラン書評家が潰した」として、こぞって豊﨑氏を攻撃した。曰く、「けんご氏に比べて、豊﨑氏の評論でどれほど読書人口が増えたんだ？」「けんご氏に比べて、豊﨑氏の評論がどれだけ本の売上に貢献したんだ？」。それをもって評論という仕事の〝意味のなさ〟を嘲笑する者もいた。言ってみれば「評論はコスパが悪い」というわけである。

評論の意義や価値をコスパ、つまり販促効果で測るのが筋違いなのは自明。かつ、〝知の運動神経〟を駆使した文芸テキストである豊﨑氏の書評と、その本の何がおもしろいのかを手早く伝達する30秒動画を並べて優劣を語るのはナンセンスだ。

しかし、この件によって、評論は不当に矮小《わいしょう》化された形でその〝役立たなさ〟を糾弾されてしまった。その根っこにあるのは、まとまった長さの文章で良い点も悪い点も指摘する評論に比べて、短尺で推しをひたすら推すＴｉｋＴｏｋ紹介動画のほうが快適主義者にとっては口当たりが良く、多数決においても優勢であるという事実だ。

ここで特筆すべきことがある。書評の意義や価値を理解し、従来であれば豊崎氏の側につくはずだったベテラン文筆家や出版人の多くが、どちらかと言えばけんご氏の支持を表明したことだ。けんご氏のフォロワーや評論に馴染みのない若年層が豊崎氏に反発するのは当然であるとして、なぜ出版界において確かな存在感のある豊崎氏を、古くからの仲間たちは堂々と擁護しなかったのか。

そこには、活字本の売れ行きがここ20年以上落ち続けており、下げ止まる気配がないという苦しい事情が大きく影響している。[*14] 特に深刻なのが若者の（活字の）読書離れであり、出版業界は、どのようにして若者に本を買ってもらうかに長らく頭を悩ませてきた。

そこにきて、ここ1、2年は「ＴｉｋＴｏｋ売れ」という言葉が示すように、さまざまな商品がＴｉｋＴｏｋでの紹介をきっかけに売れるといったケースが目立つ。すなわち、多くの若者に本を買わせる影響力を持つけんご氏の存在は、出版ビジネス従事者にとって希望の光だったのだ。

切実であることは理解できる。余裕がないことも重々承知だ。「若者の読書離れが叫ばれる中、けんご氏の活動は若者に読書習慣を根付かせている」「けんご氏のおかげで実際に重版がかかった。売上に貢献しているのだから責められる筋合いはない」。もっともだ。

ただ、もっともではあるが、出版文化に身を捧げている（はずの）出版人ならば、もう少しだけ評論の存在意義について目配りしてもよかったのではないか。貧すれば鈍する。彼らも多かれ少なかれコスパ主義に陥っているのだ。

ところで、けんご氏がＴｉｋＴｏｋでの小説紹介活動を一時休止した理由は、同氏のツイートによれば「楽しくなくなったから」[*15]だが、言ってみればこれも、不快な〝展開〟を徹底的に避けようとする快適主義的な態度と呼べるかもしれない。

「他人に干渉しない」Z世代の処世術

『映画を早送りで観る人たち』の出現が示す、恐ろしい未来」の記事には、「どう観ようが勝手」「マスコミが観方を押し付けるな」「それ、あなたの感想ですよね」「早送りされるような作品を作る奴が悪い」といった不快感の表明も多数寄せられた。[*16]これは「評論なんてどうでもいい、どう観ようが勝手」という不快感にも似ている。

一方、比較的若い層と思われる人たちからのリプには、「私が否定された。ひどい！」とでも言わんばかりの、とても傷つき、激しく苛立っている（ように見える）ものが、相当数含まれていた。

「好きなものを絶対にけなされたくない、（否定的な指摘を含む）評論などされたくない」は、自分の好きな作品だけでなく、自分自身のメディア視聴スタイルにも適用されている。とりわけ若者世代にそれは顕著だ。

それを言ったのが誰であれ、単なるネット記事であれ、ある個人の意見表明を目にした瞬間に、心がかき乱される。押し付けられていると感じる。自分が責められていると感じる。自分が否定されたと感じる。それが、激しい苛立ちと怒りに転換される。

自分への個人攻撃ではない以上、見も知らぬ人間による同意できない意見など、放っておけばいい。なのに、ある種の若者たちはそれができない。なぜなのか。

そのヒントとなるのが、第3章で列記したZ世代の特徴の8つめ、「多様性を認め、個性を尊重しあう」だ。

背景には彼らが受けた教育がある。「容姿や人種やセクシュアリティの多様性に寛容であるべし」という気運が高まった２０１０年代を通じて、彼らは学校や社会から、個人に関するセンシティブなことは「言及せざるが花」であると学んできた。

これは裏を返せば、「多様性を認め、個性を尊重し」ない他世代（≒年長世代）のズケズケした物言いや無遠慮なダメ出しには我慢がならない、ということを意味する。

以下は、２０２０年に「サイゾー」誌のZ世代特集で行われた高校生座談会の発言抜粋だが、ここにも彼らの他人に干渉しない性質が端的に表れている。彼らが自分たちの性質について語っているくだりだ。

S子　（略）何につけ「深い関心のなさ」があると思います。自分に興味のあることが一番。それがど真ん中にあって、ど真ん中じゃないものが視界に入っても、振り向くことは振り向くんですけど、そこに向かおうとはしない。興味ないものは「あっ、そうなんだ」と反応はしますが、それ以上深掘りすることはありません。

L夫　自分の主観を第一にして物事を考えているので、自分の趣味じゃないものがどうかなんて、いちいち気にしませんよ。

S子　友達との会話の中で「ダサい」とか「格好悪い」ってワードは、ほとんど出てきません。基本的には「格好いい」とか「素敵」とかいった、憧れの方向です。仮に、一般的に「ダサい」ものがあったとしても、それはその人の個性だし、受け入れる人たちが結構いっぱいいるので。わざわざそっちに目をやらないで、魅力的なものに興味や話題がいく傾向にあると思います。[*17]

彼らは、年長世代に根強く残る「オタク差別」についてもまったくないと言い切っていた。無関心こそ礼儀、とでも言わんばかりだ。

司会者　（略）上の世代に根強い偏見が残る「オタク」に対しても、差別感情はない？
S子・M子　全然ないですね。
S子　そのコミュニティに介入するわけでもなく、妨害するわけでもないです。
L夫　僕もまったくないです。
司会者　上の世代は、自分がオタクグループに入ってないことに安心したいがゆえに、オタクを叩いていた側面もあります。

L夫　（中略）オタクだと聞いても、「あっ、そう」としか思いませんね。[*18]

他人に干渉しない。すなわち批判もダメ出しもしないし、されることもない。これは一見して「他者」を尊重しているように見えるが、そこには「自分と異なる価値観に触れて理解に努める」という行動が欠けている。単に関わり合いを避けているだけだ。

それゆえに、自分とは考えの違う「他者」の存在を心の底からは許容できない。異なる意見をぶつけられた時に、「あなたと私は意見が違いますね」で終わりにできない。自分に向けられる批判に耐性がない。流すことができない。心がざわつき、「不快だ」と遠慮なく悲鳴をあげる。

これは多様性には程遠い、むしろある種の狭量さだ。Z世代が得意だとする「多様性を認め、個性を尊重しあう」には、「異なる価値観が視界に入らない場合に限る」という但し書きが必要なのかもしれない。

「インターネット＝社会」というセカイ系

「若者は批判に弱い」という点に関して森永氏は、倍速視聴習慣に違和感を示した件の記事が多くの若者から感情的な反発を招いたことを引き合いに出し、錯覚という観点から説明する。

「自分の視聴習慣が、もしかしたら誰かにとっては不快なのかもしれない、びっくりされるかもしれない、悪い意味で逸脱しているかもしれないという恐怖。それを言った人が、稲田さんひとりだったとしても、インターネットの記事を通すことで、〝社会〟に見えちゃう。つまり〝社会〟からダメ出しを食らったと錯覚してしまう」

30代のあるアニメ製作会社社員もそこに同意した。

「ある作品に対するＴｗｉｔｔｅｒ上での絶賛コメントに大量の『いいね！』がついて拡散されると、元は個人の意見なのに、まるで社会の総意のように見えてしまう。これに反発すると、自分がネット叩きの対象になってしまうかも、という恐怖もあるように思う」

ネット上の個人の発言を社会と錯覚してしまう。元の意味から異なることを承知で言うなら、まるで「セカイ系」だ。

セカイ系とは、アニメやライトノベルやゲームの分野で、おもに2000年代初頭以降に流行った世界観のこと。自分の心境や自分を取り巻く狭い範囲の状況（近景）が、コミュニティや他の人々（中景）との関係性が描かれることなく、世界の危機（遠景）に直結している、といった定義が一般的だ。

やや強引にこの構図を当てはめるなら、繊細な彼らはネットを通じて、自分の〝お気持ち〟（近景）が、大文字の〝社会〟や〝マスコミ〟（遠景）と、直結してしまっている。

「大学生と話していて、社会に対する解像度が低いことを痛感します。〝ネット〟という漠《ばく》としたものをざっくり社会と捉えていて、よくわからない〝なんだか大きい存在〟として警戒心をとても強めている。

ただ、発信者の顔が見えれば安心します。以前、テレビを観ないという大学生がワークショップでテレビ局の方と直接話したら、『テレビ局の人がどんな人かわかったので、これからは今日知り合った方が関わっている番組を観てみることにします！』と言っていました。

要は、知らない人が作ったものに博打は打てない。だから、作り手の顔が見えているＹｏｕＴｕｂｅｒの番組は見る。安心感があるので。コンテンツの良し悪しよりも、作り手の顔が

見えていることが優先される。そんな判断基準なんです」（森永氏）

「何を言うかではなく、誰が言うか」というやつだ。素性の知れた人が作っている、あるいは勧めている作品なら、安心。お墨付きに弱い。これが第3章のタイパ至上主義の裏にある、「絶対に外れを引きたくない」というメンタリティを起源とするのは明らかだ。

＊1　飯田一史『ライトノベル・クロニクル２０１０-２０２１』Ｐヴァイン、２０２１年

＊2　「スマホゲームのストーリーは邪魔？　必ずスキップする人たちの言い分」マネーポストＷＥＢ、２０２１年7月11日

＊3　『ファミ通ゲーム白書２０２１』が7月15日に刊行。２０２０年の世界ゲームコンテンツ市場は前年と比べ3割増しとなり、史上初の20兆円の大台を突破」ファミ通・ｃｏｍ、２０２１年7月15日

＊4　原田曜平『Ｚ世代　若者はなぜインスタ・ＴｉｋＴｏｋにハマるのか？』光文社新書、２０２０年

＊5　博報堂ＤＹメディアパートナーズ　メディア環境研究所「Ｐｉｃｋｙ　Ａｕｄｉｅｎｃｅ～始まったメディア生活の問い直し～」２０２１年7月7日に開催したウェビナーの配布資料より。

＊6　ＴｉｋＴｏｋの1日の平均視聴時間は67分、15秒の動画２７０本分（「TikTok For Business メデ

＊７　イアインサイトレポート　フルアテンション視聴へようこそ!」２０２１年６月15日リリース)。ビデオデッキが１９７０年代に登場する以前、一般にこのような習慣はなかった。ＶＨＳが普及したことで録画したＴＶ番組を何度でも観られるようになり、レンタルビデオショップが普及したことでその範囲は映画にまで拡大した。セルＤＶＤ、すなわち「映像作品を所有する」ことがマニア以外の行為ではなくなった２０００年代以降、その習慣はさらに加速化。ハードディスクレコーダーの普及、ＹｏｕＴｕｂｅほか動画共有サイトの登場、見放題プランを備えた動画配信サービスの普及と拡充により、「繰り返し視聴」はノーコストで達成できることとなった。

＊８　複数アニメ作品の卓越した作画シーン（ミサイル発射、爆発等）だけを切り出してつなぎ、編集して１本の動画とする「ＭＡＤ」文化も、ネット環境の整備や動画共有サイトの充実によって大きく広がったが、もちろん違法である。

＊９　小学館「デジタル大辞泉」より。

＊10　Ｑ氏「昔は郊外の書店でも、『映画』で棚１本分近くが確保されていました。でも最近は、いいとこ映画・演劇・音楽で棚１本。なんだったらそこにサブカルチャーも交じってくる。下手するとそれら全部ひっくるめても棚１本すら確保できず、３、４段分しかない。駅前のＴＳＵＴＡＹＡだと平積み雑誌コーナーの上に１列だけ本棚があって、そこにムックも評論も全部一緒くたになっています」

Ｑ氏「書店の多くはＰＯＳレジを導入しているため、売れないジャンル、著者、雑誌はデータで可

りますᅳ

視化されてしまう。そのため、書店員の熱意で特定の書籍を〝推す〟という売り方がやりにくくなります」

一般的に、書店は出版社から直接本を仕入れるのではなく、取次《とりつぎ》と呼ばれる問屋から本を仕入れる。本は委託商品なので、書店は売れ残った分を取次に戻せる。つまり買い切りではない。それゆえ取次は大量返品を防ぐため、適正数量を書店に卸すことに心血を注ぐ。

Q氏「取次は書店に対して、『このジャンル、この著者は過去のデータを見るとあまり売れていないから、今回はあまりたくさん入れないほうがいい』という経営アドバイス的な警句を発します。だから売れない評論本は書店にあまり仕入れられない。たくさん仕入れられなければ店頭では目立たない。棚は縮小される。より目立たなくなり、より売れなくなる。売れないから出版社も企画しない」

＊11　1990年代中盤は、日本の人口ピラミッドで大きな山になっている団塊ジュニア世代が大学を卒業して社会人になった時期、つまり「本を買わなくなるタイミング」と一致する。

＊12　飯田一史『ライトノベル・クロニクル2010-2021』Pヴァイン、2021年

＊13　映画宣伝側（配給会社の宣伝部や映画宣伝会社）がポスター・チラシ・予告編で超有名監督以外は監督名を目立たせないから、という背景もある。

Gさん「小説は題名と作者の名前がしっかり出ているから、目に入りやすいし覚えやすい。本を探すときも、作者の名前で並んでいるじゃないですか。でも監督さんって目に入りませんよね」

小説や楽曲と違い、映画は集団制作物である点も大きい。

Aさん「偏見かもしれないんですけど、映画って監督だけじゃない、他のスタッフさんもいっぱいいるじゃないですか。その監督だけのものじゃない。だからその監督さんのある作品が好きでも、同じ監督さんでスタッフが違う作品はまた違うのかと思って観ないんです」

アニメの場合、監督よりもスタジオ名がブランドとなる場合もある。

Jさん「日本のＭＡＰＰＡというスタジオが好き。ＭＡＰＰＡが作ってるなら観ます」

＊14　２０２０年度の出版市場規模は1兆６１６８億円で、ピークだった１９９６年の2兆６５６３億円に比べて約半分に縮小。２０１９年、２０２０年は2年連続で前年をわずかに上回ったが、ここ数年伸長がはなはだしい電子出版分を除いて紙の本だけで見ると、売上が下げ止まる気配は見えない（公益社団法人 全国出版協会・出版科学研究所「２０２１年版 出版指標年報」より）。

＊15　以下、けんご氏の２０２１年12月10日のツイート。

「ＴｉｋＴｏｋの投稿をお休みさせていただきます。各方面で様々な企画等控えているのに、本当に申し訳ないです。僕はＴｉｋＴｏｋを仕事にしてません。ＰＲ動画を1本も上げたことないです。純粋に楽しかったのですが、これからは楽しめそうにありません。動画も含めて、Ｉｎｓｔａｇｒａｍでの小説紹介は続けていきます」

＊16　中年層以上と思われる人たちからの反論で多かったのが、「俺の知っている理論と違うから教えてやろう」といったマウンティングや、「聞いたこともないライターが偉そうに若者論をぶってドヤ顔している、むかつく」といったもの。

＊17　「サイゾー」２０２０年10・11月号「間違いだらけの10代ビジネス」。構成は筆者。名前は転載にあ

たって変更した。

＊18　同前

第5章

無関心なお客様たち

——技術進化の行き着いた先

CHAPTER.5

「リキッド消費」で説明される倍速視聴

2017年、フルーラ・バーディとギアナ・エカートという2人のイギリス人研究者が、「リキッド消費」という現代的な消費の概念を提唱した。これは、2000年にポーランドの社会学者ジグムント・バウマンが発表した「リキッド・モダニティ」を基礎としたものだ。青山学院大学の久保田《くぼた》進彦《ゆきひこ》教授（経営学部マーケティング学科）は以下のように説明する。

バウマンは社会全体が、安定的で持続的な仕組みによって形づくられている固体（ソリッド）のような状態から、特定の形を持たず、その姿を自由に変える液体（リキッド）のような状態へと変化してきたことを指摘したが、バーディとエカートは、こうした変化が消費のなかにも生じていることを指摘したのである。［中略］かつて主流であった安定的な消費をソリッド消費（固体的な消費）とするならば、今日みられるようになった流動的な消費はリキッド消費（液状化した消費）といえる。[*1]（傍点筆者）

バーディとエカートは、リキッド消費の特徴を大きく3つ挙げた。

①短命……短時間で次から次に「移る」ような消費。

②アクセス・ベース……ものを購入して所有するのではなく、一時的に使用や利用できる権利を購入するような消費。たとえばレンタルやシェアリングはその典型。

③脱物質的……同程度の機能を得るために、物質をより少なくしか使用しないような消費。

これらは、今まで本書が指摘してきた倍速視聴、10秒飛ばし、ネタバレ消費、およびそれらが習慣化している人たちの快適主義や、「せっかち」といった気質の一端を表している。

例えばこんな感じだ。

コンテンツの「短命」につながる消費者の行動

旬になっているコンテンツを旬のうちに視聴しなければ話題に乗れない。だから焦って視聴する。移り気で気まぐれ、興味が長く持続しないので、少しでも冗長なシーンは早送り・10秒飛ばし。曲の頭だけに特に興味を惹かれなければ、サビまで飛ばすか次の曲に行く。あらゆるコンテンツは、数をこなすために手当たり次第、雑に消費される。

コンテンツが「アクセス・ベース」となる背景と結果

定額制動画配信（サブスク）は所有ではなく一定期間視聴する権利を買うスキーム。所有権の移転ではないので、「ちゃんと観なければならない」というプレッシャーや義務感は小さい。結果、作品へのこだわりやありがたみが薄くなり、作り手へのリスペクトも生まれにくい。

コンテンツの「脱物質的」な側面

前項と同様に定額制動画配信の見放題サービスがもたらした、映像コンテンツの非所有化。物理メディアによるコンテンツ所有を避ける傾向が加速する。Z世代の特徴③「所有欲が低い（モノ消費よりコト消費）」とも一致。

久保田氏はこれらを踏まえ、多くの消費者が「即時的な満足」を求めるようになってきており、「その瞬間を楽しむための消費」が目立つようになってきているとする。[*2] これは本書で繰り返し指摘している「快適主義」に通じるところだ。

このような消費を実現するために必要なのは、コンテンツが速く手軽に手に入れられること。そして最短時間・最小の労力で入手でき、嫌になったらすぐ離脱できることだ。

いずれの条件も、定額制動画配信サービスとデジタルデバイスが完全に叶えている。観たい映画は思い立ったら指1本で観られ、飽きたら容赦なく停止できる。定額制ゆえに視聴を途中放棄しても罪悪感は生まれない。離脱しやすいのだ。

ちなみにＴｉｋＴｏｋやインスタグラムの「リール」は、まるでページをめくるように縦方向のフリック動作で次々と新しい動画をスワイプしていけるので、ちょっと観て興味を惹かれなければ「すぐ次」に行ける。「最短時間・最小の労力で入手でき、嫌になったらすぐ離脱」が、最初から仕様化されているのだ。

「評価が確立しているもの」に乗りたい

久保田氏は、「文脈に応じて（場面や状況に合わせて）製品を変化させたり、あるいは最適な製品を組み合わせて、消費者のそのときのニーズにフィットした価値を提供すること」がリキッド消費のニーズを汲むことであると指摘しているが、[*3] ここからも倍速視聴やファスト映画が想起される。彼らは製品（この場合、映像作品）が作者から与えられた形のままでは満足しない。よく言えば「自分好みにカスタマイズ」、悪く言えば「作り手の意向を無視して改変」することで、自分にとっての価値を最大化するからだ。

また、リキッド消費においては安心感も重要なポイントだ。「自分自身の選択に間違いがないことを簡単に確証できる仕組み、たとえばお墨付きを得られたり、誰かに褒めてもらえるような仕組みをつくることで、消費者は安心して購買ができるようになる」[*4]。お墨付き、つまり評価が確立しているものという名の〝勝ち馬〟に乗りたい。

多くの人が絶賛している作品に対して同様に絶賛すれば、同意は簡単に得られる。コミュニケーションも活発化する。それが大きな安心感を生む。「よかった、観た意味があった」。本書で再三指摘している、「メジャーで人気のあるものを押さえていれば安心できる」メンタリティだ。P・161で引用した映画興行関係者の言葉を、再び引こう。

「信頼している人が勧めている、確実におもしろいと評判の作品しか観に行かない人が、昔よりずっと多い」

作り手が好きなんじゃない、生産されるシステムが好きなのだ

リキッド消費の特徴として久保田氏は、「特定のブランドにこだわらず、『役に立つ』ことや『コストパフォーマンスが高い』ことを重視して、簡単にブランドをスイッチする」点も挙げる。[*5] これはコンテンツを「短命」化するものだが、「特定のブランド」を「監督」に置き換えても成立する。「映画を監督で観ない」だ。

大学生Ｆさんの言葉を思い出す。

「好きな作品であっても、誰が監督かに興味はない」

「映画自体が〝表〟だとしたら、その作り手は〝裏〟」

「〝表〟を純粋に楽しみたいのであって、〝裏〟には興味がない」

久保田氏は、「好きな作品」の意味が違ってきているのではないかと推察する。

「かつて〝好き〟は、その多くが監督なりアーティストなりといった作り手個人に向けられていました。だから監督の行動なり考え方に興味が湧きますし、インタビューなども読みたいと思う。無論、作品はそのままの形で鑑賞したい。だけど現代においては、〝その作品を

作ってくれる生産者として好き〟なのではないでしょうか。〝卵を産んでくれるニワトリ〟みたいな感じですね」

彼らはニワトリの有する「おいしい卵を産んでくれるという機能」や「人間のために毎日栄養源を供給してくれるというシステム」を愛でているのであって、個体としてのニワトリを愛玩動物にしたいわけではない。

極論するなら、たとえば彼らが「ディズニーやジブリ（というブランド）が好き」と口にするとき、〝好き〟の対象は、満足度の高いコンテンツを確実に供給してくれる信頼感なのであって、それを生み出した作家個人への称賛ではない。二者は似て非なるものだ。

彼らは決してニワトリ（監督）のファンではないが、卵（作品）はありがたく賞味する。日々大量に、とてつもない早食いで。

「倍速視聴や10秒飛ばしなどを駆使して映像作品をどう観ようと、すべて視聴者の自由」と主張するある大学生は、その根拠を奇しくも〝生産者〟という言葉を使って説明した。「製作者が通常速度で観ろと視聴者に強要するのは、生産者が消費者のニーズに応えず、一方的に作りたい製品を生産している状態に等しい」

フリーミアムの限界

リキッド消費の需要が高まり、特定のブランドにこだわらない〝ファンではない消費者〟[*6]が増えてくると、コンテンツ制作側はビジネスの考え方を根本的に変えなければならなくなる。なぜなら、これまで商業作品をビジネスとして成立させるための基本設計は、カネをたんまり使ってくれるコアファンに支えられる構造だったからだ。

ミュージシャンなら、コアファンが購入するＣＤやＤＶＤや楽曲の有料配信、あるいはライブやグッズの売上で収益を得る。ファンではない者にはＹｏｕＴｕｂｅ等で、無料で楽曲が聴ける環境を整えておき、気に入ったらファンになってもらう。

アプリの課金もそうだ。全体の10％にも満たないヘビーユーザー（コアファン）から高機能の提供と引き換えに月額料金を徴収し、残り大半のライトユーザー（非ファン）には無料で簡易的な機能を提供する。

以上は２０００年代後半に流行した「フリーミアム」の考え方だ。[*7]

しかし、リキッド消費が習慣づいている者が人口比で増えれば増えるほど、コアファンに支えられる仕組みに無理が生じてくる。代わって有効になるのは、ひとりでも多くの〝ファンではない消費者〟にカネを出させる仕組みだ。

これを選挙に喩えるなら、浮動票が爆発的に増大したようなもの。彼らに固定の支持者はいないが、1票は持っている。政治に興味も知識もない浮動票を獲得するには、簡潔でキャッチーな、誰にでも理解できる公約を掲げることが肝要だ。

すなわち、コンテンツ市場において作り手は、「わかってくれる人（コアファン）」にだけ届く、良質な作品だけを誠実に作り続けていればいい」というスタンスを今後取りづらくなる。作り手は、カジュアルな倍速視聴や10秒飛ばしが常態化した人たちを「メインのお客様」であることを前提にしたマーケティングを実行した上で創作し、ビジネスモデルを構築しなければならない。

つまり、リキッド消費が支配する世の中では、「映画を早送りで観る人たち」を無視して映画をビジネスに乗せることはできないのだ。

それが気に入らないという意見はごもっとも。実際、バウマン自身は「リキッド・モダニティ」の概念を否定的な意味で使っているし、バーディとエカートもリキッド消費の傾向をネガティブに捉えている。

しかしリキッド消費にしろ倍速視聴にしろ、それらが一定の人々の間で習慣化されている事実は、潔く認めなければならない。人類が電気のない不便な暮らしにもう戻れないのと同じ。倍速視聴という便利で合理的な視聴スタイルは、彼らにとってもはや手放せないものとなっている。

「核兵器と一緒ですよ。すごく困ったものではあるけれども、作ってしまったのは事実なのだから、核兵器が存在するという前提条件の上で、どうするかを考えていかないと」（久保田氏）

映画ファンより〝ファンではない消費者〟が大切にされる[*8]

コアファンよりも〝ファンではない消費者〟を「メインのお客様」とする方針は、定額制動画配信サービスの料金体系にも現れている。

かつてレンタルビデオショップでは、「新作は高く、旧作は安い」が普通だった。話題の新作をいち早く観るには追加フィーを積まなければならない。至極当たり前の理屈に思える。

しかし現在、映像配信は必ずしもそうなっていない。たとえばＡｍａｚｏｎプライム・ビデオでは、プライム会員向けに最新の話題作がいち早く見放題の対象に設定されることが少なくない。逆に、リリースから時間が経っている旧作に追加料金を支払わねばならないケースは多い。

つまり「新作は安く、旧作は高い」。レンタルビデオショップの逆である。

なぜこんなことになっているのか。それはサービス提供者側が、ライトユーザー——リキッド消費の文脈における〝ファンではない消費者〟——をひとりでも多く新規会員に引き込みたいからだ。こと映画やドラマは、ライトユーザーであればあるほど話題の新作を観たがる。というか、世間で話題になっている新作以外は興味がない。逆に映画ファンであればあるほど、新作だけでなく、監督つながりやジャンルつながりで旧作を漁るように観る。

もしコアファン、ここで言うところの映画ファンを大切にするならば、「新作は高く、旧作は安い」とすべきだろう。

しかし、定額の月額料金によって運営されているＡｍａｚｏｎプライム・ビデオにしてみれば、旧作がどれだけ大量に観られようとも会員料金の売上収入は変わらない。会員数を増やさねば収入は増えないからだ。すなわち、既存の映画ファンを料金面で優遇するより、〝ファンではない消費者〟をひとりでも多く会員にするほうが、商売として割がいい。

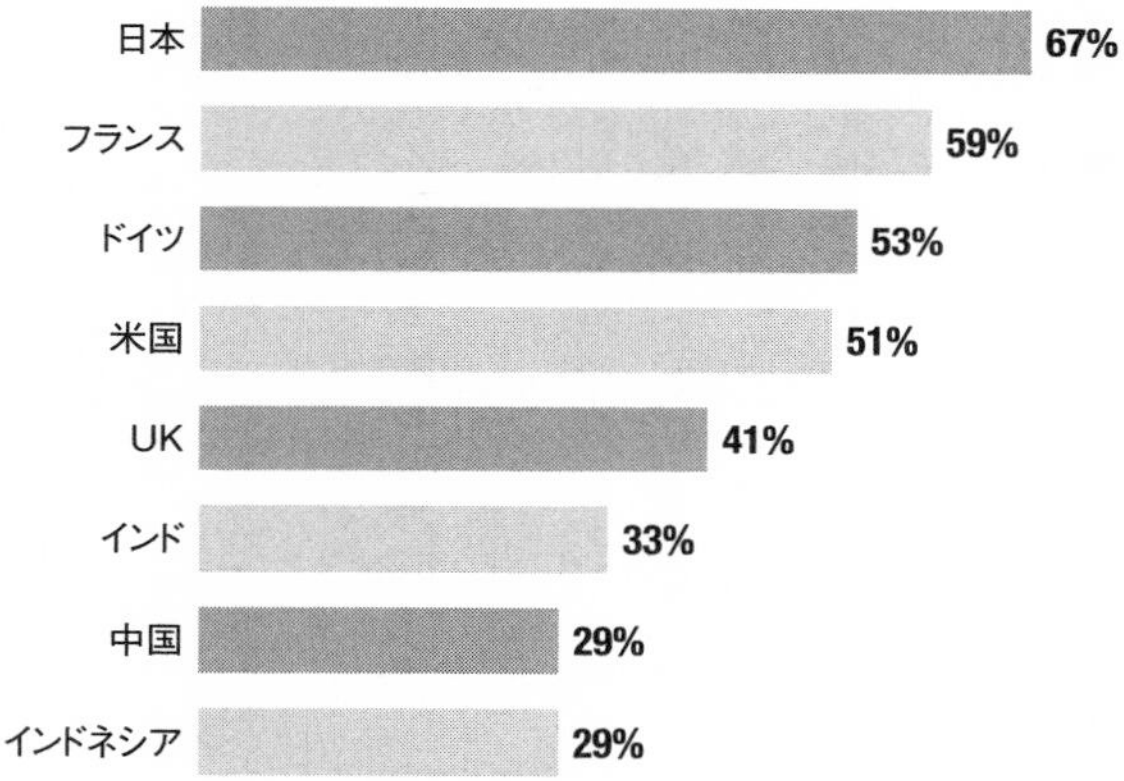

図7　製品・サービスを購入前によく検討するかについての調査

※「検討しない」と答えた割合。アクセンチュアのレポート（2019年）をもとに作成

ではなぜ、〝ファンではない消費者〟がこれほどまでに増えたのか？

コンテンツが多すぎて、選ぶのが億劫だからだ。話が本書の序章に戻った。コンサルティング大手のアクセンチュアが２０１９年６月に発表した「〝無関心化〟する消費者と企業の向き合い方」というレポートがある。そこでは、「先進国では3〜4割の消費者が情報収集を行わないままに製品・サービスを購入する、いわゆる〝無関心〟の状態にある。先進国の中でも、日本は特にその傾向が強い」と分析されている（**図7**）。

何かを選びとるにあたって情報収集

する時間や労力、あるいは脳味噌を回す手間を、多くの人が省きたがっている。しかし労力を割かずに手に入れたところで、その商品あるいは作品に、こだわりやリスペクト、あるいはロイヤリティ（忠誠心）など抱きようがない。

早送りされた作り手がどう思うかなど、知ったことではないのだ。

「映画1本＝2時間」が長すぎる説

先述のように、2021年3月時点で20〜69歳男女の約3割、20代全体の約5割が倍速視聴経験者だった。対象を20歳前後に絞った同年12月の青山学院大学の調査では比率がさらに上がり、9割弱に倍速視聴経験があった。

若年世代であればあるほど倍速視聴習慣が根付いている。つまりこの習慣はこの先も確実に拡大を続ける。核兵器のない世の中に後戻りはできない。

目の前の現実に向き合おう。作り手は今後、一体どのようなスタンスを取っていけばよいのだろうか。

倍速視聴するのは「そんなに時間をかけていられない」と消費者が感じているからだ。それなら、作品の尺がもっと短ければ、早送りや10秒飛ばしはされにくいのだろうか？

　そもそも、現代において映画1本2時間は長すぎはしないか。

　２０１６年に中国で誕生し、２０１８年頃から日本でも若年層を中心として爆発的に流行したＴｉｋＴｏｋは、映画のように物語を供給するメディアでないことを差し引いても、若者たちに習慣づいた「動画の短尺志向」を示すのに十分な存在だ。広告主やモバイルアプリ開発者向けの媒体資料「TikTok For Business メディアインサイトレポート　フルアテンション視聴へようこそ！」（２０２１年6月15日リリース）によれば、ＴｉｋＴｏｋユーザーの約5割が「1分以上の動画はストレス」と回答している。

　それでなくても、スマホに届くメッセージへの即レスプレッシャーに常にさいなまれている若者層にとって、暗闇でただ座り、一時停止することも早送りすることもスマホチェックすることもできないまま2時間を過ごさなければならない娯楽は、どうにもハードルが高い。

　また、早送り勢の資質として指摘した「せっかち」気質や「結論を先に知りたい」気質の人たちにとって、あるいは共感強制プレッシャーの中、膨大なコンテンツを次々に消化していかなければならない状況下、1コンテンツ2時間というサイズはトゥーマッチすぎるのではないか？

1931年から2013年までに公開された映画の上映時間に関する調査がある。それによると、毎年の人気作上位25作品の平均上映時間は、1960年から1990年代半ばまでは110~120分であまり変化がなく、2000年以降はむしろ120分をやや超えたところで推移している。[*9] 体感的に、2014年以降もその水準に大きな変化はないだろう。

すなわち、映画1本=2時間という〝常識〟が定着してから、少なくとも60年もの時間が経過しているにもかかわらず、60年前の〝常識〟が今も当たり前のように流通しているのだ。

60年間で人々の生活は大きく変わった。余暇時間の使い方も変わった。時間消費型の娯楽の種類は激増した。なのに映画というやつは、偉そうに60年前の図体のまま。

映画よりもずっと長い歴史をもつオペラや歌舞伎の上演・公演時間は、おおむね映画よりも長い。3時間、4時間、時に6時間超えのオペラもある。しかし現在、オペラや歌舞伎の人口は映画人口ほどには多くない。「趣味人の趣味」といったポジションだ。

このまま映画の図体が大きいままなら、いつか「趣味人の趣味」になる日が来るのだろうか。

YouTube上の切り抜き動画（長いYouTube動画の一部シーンを切り抜きし、それらをつなぎ合わせて再編集した動画。切り抜き元となる投稿者の許可を取る必要がある）がよく観られているのも、TikTokと同じく短尺志向の現れだ。そのような感覚で商業映画の本編を勝手に「切り抜いた」のがファスト映画である。不謹慎を承知で言うなら、図体の大きい映画を扱いやすいコンパクトサイズに圧縮したのがファスト映画だった。

たとえ内容が良くても、2時間もかけないと消費できないのは理不尽だ、という感覚。『かぐや様は告らせたい』を1時間弱で観た前出の女子大学生Aさんの感想「もし2時間近くもかけちゃってたら、おもしろさよりも後悔のほうが大きい」（P・41）とは、そういうことだ。

ファスト映画と言わずとも、内容は良いけど長いから不快だという経験は誰しもあるだろう。校長先生の朝礼、会議で資料を延々と読み上げる上司、結婚式の長い挨拶。それらには「簡潔に話せば3分で終わるよね」「要点だけ箇条書きでくれ」と毒づきたくなる。

現代人はとにかく忙しい。しかも、労働時間が延びているのに収入は上がらない。「失われた30年」が継続中の日本においては、特にそうだ。[*10]

子育てや介護に日々大半のリソースを割かれる夫婦、深夜まで忙しく仕事をしている勤め人、授業と課題に加えてバイトにあけくれる大学生。彼らが2時間の映画を一度も中断せずのんびり視聴できるような時間を捻出《ねんしゅつ》するのは、一体どれほど難しいか。数十話に及ぶ連続ドラマなら、なおさらだ。[*11]

Ａｍａｚｏｎの電子書籍アプリ「Ｋｉｎｄｌｅ」には、それまでにページをめくったスピードをもとに、読了までの目安時間を表示する機能がついている。目の前のコンテンツに自分がどれだけの時間を割かなければならないかについて、現代人は敏感だ。

「つかみのインパクト」で視聴者を離さない

尺の問題だけでなく、作品が時流に合わせるべきだという声は、特に若者の口からよく聞かれる。以下は青山学院大学での授業後、筆者に提出された学生からのレポートに書かれていた意見だ。

「ここまで習慣化されているのだから、製作側が『視聴者は倍速視聴や10秒飛ばしするものだ』と認識して作品を作るべき。もしくは等速で観ないと１００％楽しめないような作品を作ればいい」

脚本家の小林雄次氏も、現実に向き合う。

「もし早送りしたり飛ばしたりして観たい人が既に相当な数いるということなら、僕らはシナリオの書き方や構成に関する考え方を変えなければなりません」

まずは、連続ドラマの話飛ばし対策だ。

動画配信サービスで話題になるオリジナルドラマは全話一括配信が多い。つまり、第１話が世に出た瞬間から最終回も画面に表示されている。展開が少しでも冗長なら、容赦なく最終回が再生されてしまう。

「ですから、配信の作品の場合、息つく暇もなく全話を一気呵成に見せられる構成のほうが、話ごと飛ばされる可能性は減るでしょう」（小林氏）

全話一括配信作品は、週末などを利用して数話もしくは全話を一気観するユーザーが少なくない。話単位であからさまに大きな緩急をつけたりしてしまえば、〝緩〟の部分で離脱してしまう。

そうした上で、第１話冒頭、いわゆる「つかみのインパクト」は大事だ。早送り勢は飽きっぽくせっかちで、忍耐力がない。おもしろさがすぐにドライブしないと視聴をやめてしまう。サビで始まる歌謡曲のほうが聴かれる確率が高まるのと同じく、第１話冒頭に一番大事な、見せ場となるシーンを持ってくるべし。

「冒頭からいきなり事件が起きているなど、わかりやすい動きを作る。主人公に関する情報も出し惜しみせず、早い段階でちゃんと明かす。何話かを経てはじめて主人公がどういう人間かが判明する手法は、シナリオ技術上あるにはありますが、こと配信についてはそれだと観続けてくれないでしょうね」（小林氏）

『梨泰院クラス』構成上の仕掛け

定番のテクニックとして、冒頭から唐突に興味を引くシーンからはじめ、その後時間をさかのぼって「なぜこうなったのか?」を描く方法がある。冒頭シーンに引き込まれた視聴者は、少なくとも当該シーンにたどり着くまでは観てくれる、というわけだ。

Ｎｅｔｆｌｉｘの韓国ドラマ『梨泰院クラス』は、まさにそうだった。第１話冒頭、ヒロインの少女・イソがクリニックらしき場所でカウンセリングを受けており、やや物騒なことを口にする。視聴者はこの少女に俄然興味を惹かれるが、その次にイソが本編に登場するのは第３話だ。つまり、イソに興味を持った視聴者が次にイソに会えるまでには、少なくとも２話分は観なければいけない仕掛けになっている。第３章で言及した「冒頭で予告編的にチョイ出しするＴＶやＹｏｕＴｕｂｅのバラエティ番組」と同じことだ。

したがって、「この先、この話はどう転がっていくのか？」が前もって見えない展開は危険だ。着地点を最初から見せておき、視聴者を安心させるべし。『梨泰院クラス』の場合、「父親を殺した権力者に主人公が復讐する話」という明快な結末が初期に提示されるので、観客はやがて訪れるそのカタルシスをずっと期待しながら、安心して物語につきあっていける。

ＡＶ監督・村西とおるの自伝をモデルにした『全裸監督』（Ｎｅｔｆｌｉｘ、２０１９年、２０２１年）もそうだ。シーズン１は村西が一介のセールスマンからＡＶの帝王に成り上がっていく話、シーズン２は頂上から転落していく話であることを、予告編の段階で教えてくれる。どんな種類のカタルシスが得られるかを先に知らせておく誠実さが、早送り・話飛ばし勢をつなぎとめておく鍵なのだ。

時価の寿司屋は一部の富裕層や美食家を除いて敬遠される運命にある。一般庶民は会計を心配しながら食事を楽しめないからだ。だから彼らは回転寿司屋に行く。一皿いくらが明示されている誠実さと、皿の枚数で会計金額がリアルタイムに把握できる安心感を求めて。

ゲーム実況的アプローチ

第4章で佐藤大氏がこれからの作品の作り方として例示した「オープンワールド」は、ゲームの領域から拝借した概念だった。曰く「広大な世界観はこちらで用意しておく。好きな場所を徹底的に掘ろうと思えば掘れるし、掘らなくてもゲームは楽しめる。どういう目線でその世界を体験するかは、プレイヤーの自由」。プロ観客も浅い消費者も、どちらも満足できる懐の深い構造をもつ映像作品のことだ。

40代のある女性脚本家も、同じ結論に達している。小林氏とは違い、早送りに対処する脚本は基本的に不要と考える彼女は、「読解力の低い視聴者も楽しめ、かつ従来の物語を楽しみたいユーザーも納得させる多層的な構造を目指す。具体的には〝間〟や〝行間〟を使うが、それを理解できなくても楽しめる構成とする」と目論む。

ゲーム文脈では、もうひとつ注目したい世界観がある。ゲーム実況文化だ。

ゲーム実況とは、プレイヤーがゲームをプレイしながら実況し、その模様をＹｏｕＴｕｂｅ、ニコニコ動画、ニコニコ生放送、Ｔｗｉｔｃｈ[*12]（ツイッチ）といった動画共有サイトや各種ストリーミングサイトなどで配信する行為のこと。日本では２０１０年頃から活発化し、ＹｏｕＴｕｂｅｒとして活躍する有名実況者を多数生み出した。

肝は、ゲーム実況の視聴者はゲームをしないでもゲームを楽しめるという点だ。ビデオゲームとは基本的に「自らプレイする娯楽」だが、ゲーム実況の視聴者は上手いプレーに見惚れ、流麗なトークを聞くことで満足を得る。その意味では、スポーツもしくはｅスポーツの観客と同じ。自分でスポーツはしない。しかし観て楽しむ。

映像視聴についても、同じ世界観が適用できるのではないか。

作品を主体的に鑑賞して解釈するのは「観るプロ」に任せる。「消費者」たる自分たちはプロの解釈や考察を聞き、観るべきポイントを先に教えてもらう。美術館や歌舞伎の音声ガイドのようなものだ。その上で安心して観る。

ネタバレサイト、考察サイトを視聴前に読み込んで「正解を知りたい」勢は、このようなゲーム実況の視聴者に重なる。ゆめめ氏の「文脈を汲み取れる自信がない、私には評価できない」が思い出される。彼らは作品の鑑賞者ではなく、コンテンツ消費者に――むしろ積極的に――徹したいのだ。

ファスト映画を公式の販促メディアに

ゲーム実況は、購入を検討しているゲームが一体どのようにおもしろいのかを「知る」ために観るという機能もあり、その目的で見ている視聴者も少なくない。実際ゲームメーカー各社は、自社のゲームが少しでも多くゲーム実況動画としてアップされてほしいと願っている。タダで宣伝してくれているようなものだからだ。

つまりゲーム実況文化は、メーカー（販売促進）、ゲーム実況者（視聴回数のアップ）、ユーザー（買うべきかどうかの見極め）がそれぞれの望みを果たすことで、「WIN‐WIN‐WIN」を創出している。

そう考えると、問答無用で違法のファスト映画に、もし幾ばくかの販促効果（視聴後、作品に興味を持って劇場に行く）を見いだせるなら、映画会社が公式に映像素材をファスト映画配信者に貸与し、一定のルール下でその素材を自由に編集できるようなスキームを作ってはどうだろう。映画会社（宣伝、観客動員）、ファスト映画配信者（視聴回数のアップ）、観客（観るべきかどうかの見極め）が、ゲーム実況と同じようにそれぞれの望みを果たし、同じように「WIN-WIN-WIN」の関係を築けないものか。

無論、ネタバレOKラインの設定、解禁日や配信期間をどう守らせるか、貸与した素材を流出させない仕組みづくり、海外作品の場合どうやって本国に許可を取るかなど、クリアすべき諸問題は多い。

当然ながら、「話の概要がわかったから、もう観なくていいや」という層が常に一定の比率で劇場興行の邪魔をする。しかし「あらすじや結末を知ってから、安心して本編を観に行きたい」という層が、一定数以上を占める世の中になったとしたら？

たとえて言うなら、料理の味見だ。少量ずつ全皿を味見して納得した場合に、そのコースを注文する。せっかくのコース料理を外したくないという気持ちと、休日を使い高いカネを払って観に行く映画を外したくないという気持ちに、どれほどの差があろうか。

単位時間あたりの情報処理能力が高い人たち

倍速視聴懐疑派が「早送りなんかして内容が理解できるのか？」と訝《いぶか》しむ一方、倍速視聴推進派は「余裕で理解できるし、倍速に慣れると通常速度がスローモーションみたいで気持ち悪い」と言い返す。これは、「倍速視聴に対応できる人はそうでない人に比べて、単位時間あたりの情報処理能力が高い」ことを意味するのだろうか？

映像作品、なかでもエンタテインメント作品は、その歴史の過程で、単位時間あたりで伝えようとする視覚情報の量を等比級数的に増やしてきた。

昨今のいわゆる大衆娯楽映画、たとえば「アベンジャーズ」シリーズなどのアメコミ映画と、１９８０年代あたりの大衆娯楽映画とを観比べてみれば一目瞭然だ。ひとえに撮影技術、中でも特撮やＶＦＸの進化によるものだが、とにかく画面の描き込み密度が大きく上がっている。１シーンたった数秒の間に複数の爆発が起こり、建物が倒壊し、何人もの人間が同時に吹っ飛ぶ。カメラが高速移動しながらその状況を捉える。閃光《せんこう》や瓦礫《がれき》や塵《ちり》や煙がＣＧによって山ほど描き足され、空気や光のゆらぎといったエフェクトが目一杯盛られ、画面中が情報で埋め尽くされる。初見ではとても隅から隅まで視認することができない。そんなシーンが、ジェットコースターのように次から次へと繰り出される。

年配層の中には「最近の映画はごちゃごちゃしていてうるさい」と感じる人もいるだろう。でも、今はそれが標準だ。

洪水のような画面内情報量と一瞬たりとも飽きさせないスピーディな展開に慣れると、今度は動きの少ない画面や冗長な展開に我慢ができなくなる。

つまり倍速視聴に慣れた人たちは、倍速視聴に慣れていない人に比べて、コンテンツから提供されて「快適だ」と感じる単位時間あたりの情報量が多い。だから、単位時間あたりの情報提供量が少ないコンテンツは「間延びしている」と感じる。

そのじれったさを解消するには、摂取スピードを自前で速めるほかない。

青山学院大学のアンケートで最も倍速視聴されていた映像ジャンルは「大学の講義」だった。その理由として「効率的だから」と並んで目についたのが「そのほうがむしろ集中して聞けるので、頭に入る」である。

実は大学教授には早口の人が多く、授業もかなりスピード感がある。それでも学生たちが早送りをするのは、もはや彼らが〝生身の人間が話す速度〟にイライラするためかもしれない。早送りに慣れた大学生たちは、実際に人間が喋る速度にまだるっこしさを感じる。そのギャップを倍速視聴が埋めるのだ。

ＡＢＥＭＡには、ニュース映像が最初から１・５倍速の「アベマ倍速ニュース」という番組がある。ＹｏｕＴｕｂｅ動画の中には、冒頭に「この動画は倍速でも視聴できます」といった主旨の断りを入れているものもある。そのＹｏｕＴｕｂｅで昨今目立つのが、漫画調の絵に不自然なほど早口のセリフやナレーションが乗っている美容系動画広告だ。いずれも確固たるニーズあってこその計らいである。

若者の単位時間あたりの情報処理能力が上がっているという点については、2010年代初頭から毎年、就職サイトでさまざまな企業の新入社員のインタビューを行っている60代のベテランライターも同意する。彼いわく「10年前と今とでは、同じ新入社員でも会話していてまったく違うと感じる」そうだ。ここ10年は、YouTubeと定額制動画配信サービスが普及して「安価に視聴可能な映像コンテンツ」が爆発的に増えたディケイドだ。その最後の直近2、3年で、倍速視聴やTikTokによる短尺動画の大量消費が習慣化した。

P・209でも見たように、彼らが日々大量の情報と物語を摂取するあまり疲れているのは事実だが、一方で短時間で大量の情報をさばかざるをえない状況にさらされることで、単位時間あたりの情報処理能力が上がっている、とは言えそうだ。これは、「早送りで観ても、作品の細かいところまで理解できないのでは？」という疑問に対する、ある種の反論材料になるのかもしれない。

無論、情報処理能力と作品観賞能力は別物だ。しかし、彼らが非倍速視聴者とはまったく異なる処理速度のCPUで映像に向き合っている可能性もまた、否定できない。映像の作り手は今後より一層――好むと好まざるとにかかわらず――この事実に向き合うことになる。

情報量は増えたが視聴年齢は下がった『プリキュア』

おもに未就学女児を対象とした「プリキュア」シリーズというＴＶアニメがある。放映開始は２００４年、１年ごとの主人公交代を繰り返し、２０２２年現在も続く人気作品だ。女児たちはある年齢になると、その年に放映されている「プリキュア」に熱中し、その多くは２、３作（年）で〝卒業〟していく。

小林雄次氏は合計３作の「プリキュア」に脚本チームとして参加した。２０１１〜２０１２年放映の『スイートプリキュア♪』、２０１２〜２０１３年放映の『スマイルプリキュア！』、２０１９〜２０２０年放映の『スター☆トゥインクルプリキュア』だ。

「『スター☆トゥインクル〜』で７年ぶりに『プリキュア』に関わることになったとき、シリーズをずっと手掛けている先輩の脚本家さんに言われたんです。７年前より脚本が複雑になってますよって。実際、現場に入ってみたらそうでした。途中から登場するキャラクターと主人公たちとの関係性の描写とか、玩具発売と連動するアイテムの取り扱いなど、シナリオで消化しなきゃいけないこと、説明しなきゃいけない情報が、7年前よりずっと増えていた」

そうなった背景のひとつに、スポンサー企業が発売する玩具との連動感をより高めたいというビジネス上の目論見があるのは確かだが、大事なのは、そういった高密度に情報が詰まった内容の作品に、子供たちが「慣れている」という事実だ。

「しかも、初代の『プリキュア』は現在より視聴層の年齢が若干高く、小学校高学年の子も観ていましたが、今の『プリキュア』のメインターゲットは3歳から6歳です」

作品の情報量は増えているのに、視聴層は低年齢化している。つまり、こと『プリキュア』視聴者に関して言えば、現在の3歳から6歳は20年近く前の小学生よりずっと高い情報処理能力を求められ、かつそれに応えているわけだ。

同じく子供向けアニメで小林氏が脚本を手掛ける『ふしぎ駄菓子屋　銭天堂』[*13]は1話の本編がたった7分しかない。

「毎回異なるゲスト主人公の視点で話が展開するので、とにかく情報を凝縮しています。ファーストシーンで、この人が何者で、どんな悩みを抱えているかをわからせて、それを説明っぽくならないように話を立ち上げる。原作の内容から考えると、30分枠の本編正味22分くらいでも同じ内容を描けるところ、3分の1の尺ですね。早送りや飛ばし見する隙なんてないくらい、ビッシリ情報が詰まっています」

スマホとタブレットの「ひとり観」が倍速視聴を助長した

現在の倍速視聴環境は、PCやスマホといったデジタルデバイスの進化や多様化を抜きにしては語れない。

少なくとも2000年代まで、映画やドラマといった、物語性があり数十分以上の尺をもつ映像作品は、基本的にTVモニタで観るものだった。

PCで観ることが前提の動画配信サービスが2000年代になかったわけではないし、ニコニコ動画やYouTubeといった動画共有プラットフォームも2000年代後半には定着している。

が、配信で本格的な長尺の映画やドラマを観る層は、そこまで多くなかった。自宅で視聴する際の通信回線の細さから来る画質の低さ、PCをはじめとしたデジタルデバイスの解像度の低さや画面の小ささ、さらには観られる作品数の少なさ、料金の高さなどがネックになっていたのだ。

要は、レンタルショップでDVDを借りてくるほうがずっと多くの作品を、安く、綺麗な映像と音で楽しめたのだ。

しかし、2010年代に入ると様相が変わってくる。

PCの画面が大きくなって画質が向上すると、ようやくTVモニタ以外で映像作品を観る習慣が浸透してきた。さらにスマホの画面が年々巨大化を重ね、日進月歩で画質が向上していくと、スマホでも快適に映像作品を鑑賞できるようになった。

このような環境が整ったところで、外資系の配信動画業者がこぞって日本市場に本格参入し、観られる作品の数が増え、料金がこなれ、さらにWi-Fiの普及で回線速度の問題もまたたく間に解消。定額制動画配信サービスの利用者が増え始め、倍速視聴や10秒飛ばしの技術的土壌が徐々に整っていく。

では、従来からあるTVモニタによる配信視聴はどうか。

2014年、Amazonがインターネットで配信される映像をTVモニタで観られる「Fire TV Stick」を発売すると、リビングのTVでも手軽に配信動画を楽しめるようになった。

しかし、２０１０年代は「若者のＴＶ離れ」が急速に進んだ時期だ。もはや一人暮らしで家にＴＶがない大学生は珍しくなくなり、実家暮らしでリビングにＴＶがあっても「本当に観たいものは自室のＰＣかスマホで観る」という若者が増えた。

前出のＡさん（女性・大学４年生）が映画やドラマを観るのは、もっぱらｉＰａｄ。「リビングには家族がいるので、自分が観たいと思っている作品を観るのがちょっと恥ずかしい」

Ｊさん（女性・大学２年生）も実家住まい。「ＴＶで観ることもありますが、家に自分ひとりのときだけ。基本は自分の部屋で小さいノートＰＣを、大画面のＰＣモニタにつないで観ています」

タブを10個開けながら観るＤさん（男性・大学３年生）の場合、その視聴スタイルからしてパソコンでしか観られない。

こうして考えると、早送りや10秒飛ばしという視聴スタイルは、リビングのテレビよりも自室のＰＣ・タブレット・スマホといった単独視聴を前提としたデジタルデバイスのほうが、圧倒的に向いている。どこで早送りしたいか、どこで10秒飛ばしたいかは、人によって違う。つまり特定の誰かの生理に基づいて再生速度を細かくコントロールする行為は、リビングなどでの多人数視聴に向かないのだ。

また、各社が実装する倍速視聴や10秒飛ばしといった機能は、ＴＶモニタよりもデジタルデバイスのほうが概ね充実している。

たとえばＮｅｔｆｌｉｘの場合、ＰＣ、タブレット、スマホでは０・５倍速〜１・５倍速まで０・25倍刻みで再生速度を調節できるが、Ｆｉｒｅ ＴＶ Ｓｔｉｃｋをつないだ TＶモニタで観る際にその機能はない。ＴＶｅｒも同様。Ａｍａｚｏｎプライム・ビデオはＴＶもデジタルデバイスも同等に10秒飛ばしのみ可能だが、それでもデジタルデバイスが劣位に立ってはいない。

なお、本書執筆のために実施した早送り実態のあるヒアリング対象者（多くは大学生）の中で、リビングのＴＶを映像視聴の軸足に置いている者は、全体の１割にも満たなかった。

実際、映像作品をデジタルデバイスで観る習慣は加速している。博報堂ＤＹメディアパートナーズメディア環境研究所が２０２１年７月に発表したレポートによれば、東京地域のメディア総接触時間は２０２１年、「パソコン」「タブレット」「携帯／スマホ」といった個人所有デジタルメディアのシェアが55・２％と過半数を占め、「テレビ」「ラジオ」「新聞・雑誌」の合計を超えている（図８）。

中でも20代は突出しており、20代男性の「パソコン」「タブレット」「携帯／スマホ」の接

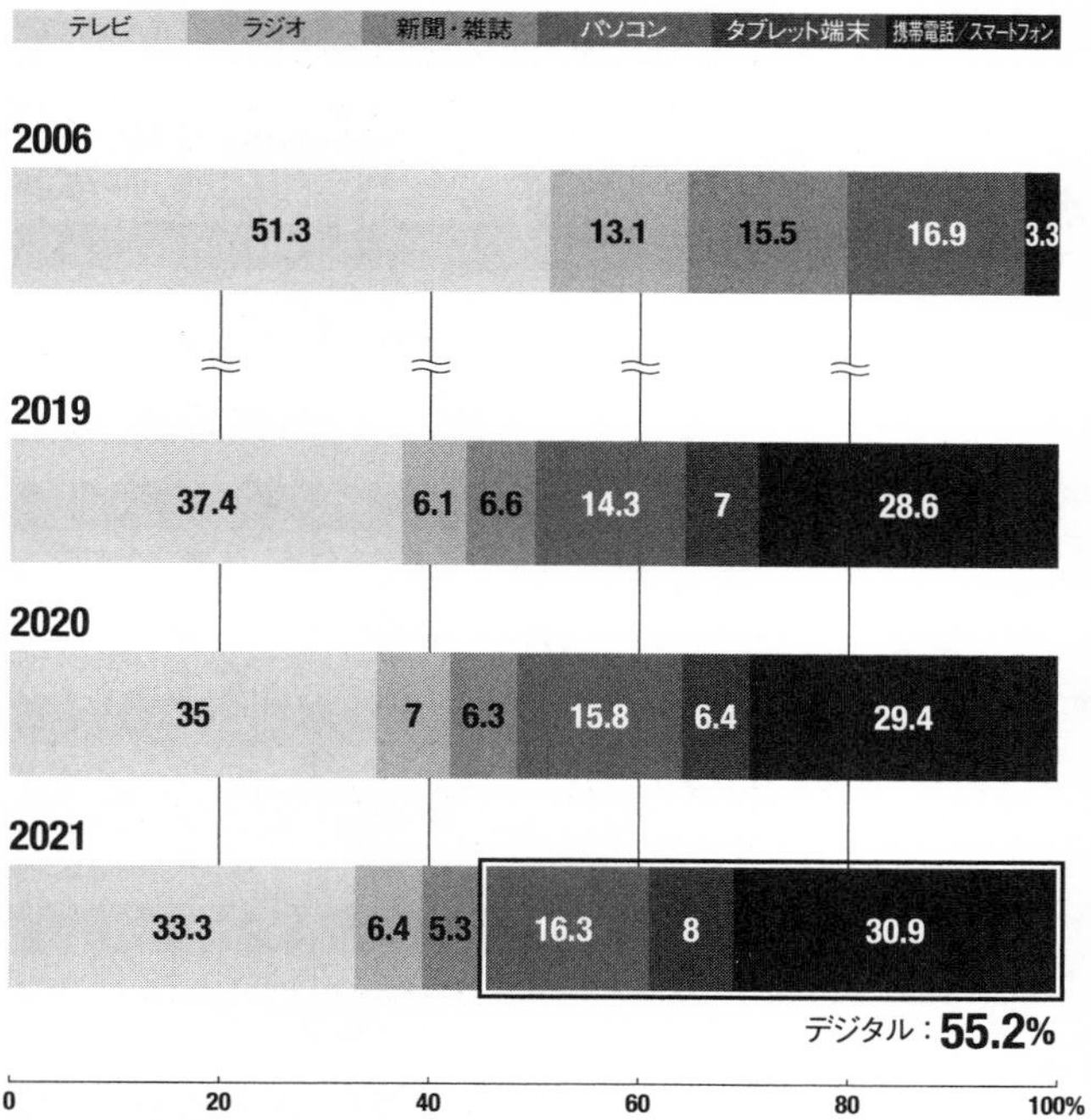

図8　メディア総接触時間の構成比の時系列推移（東京）

※1日あたり／週平均

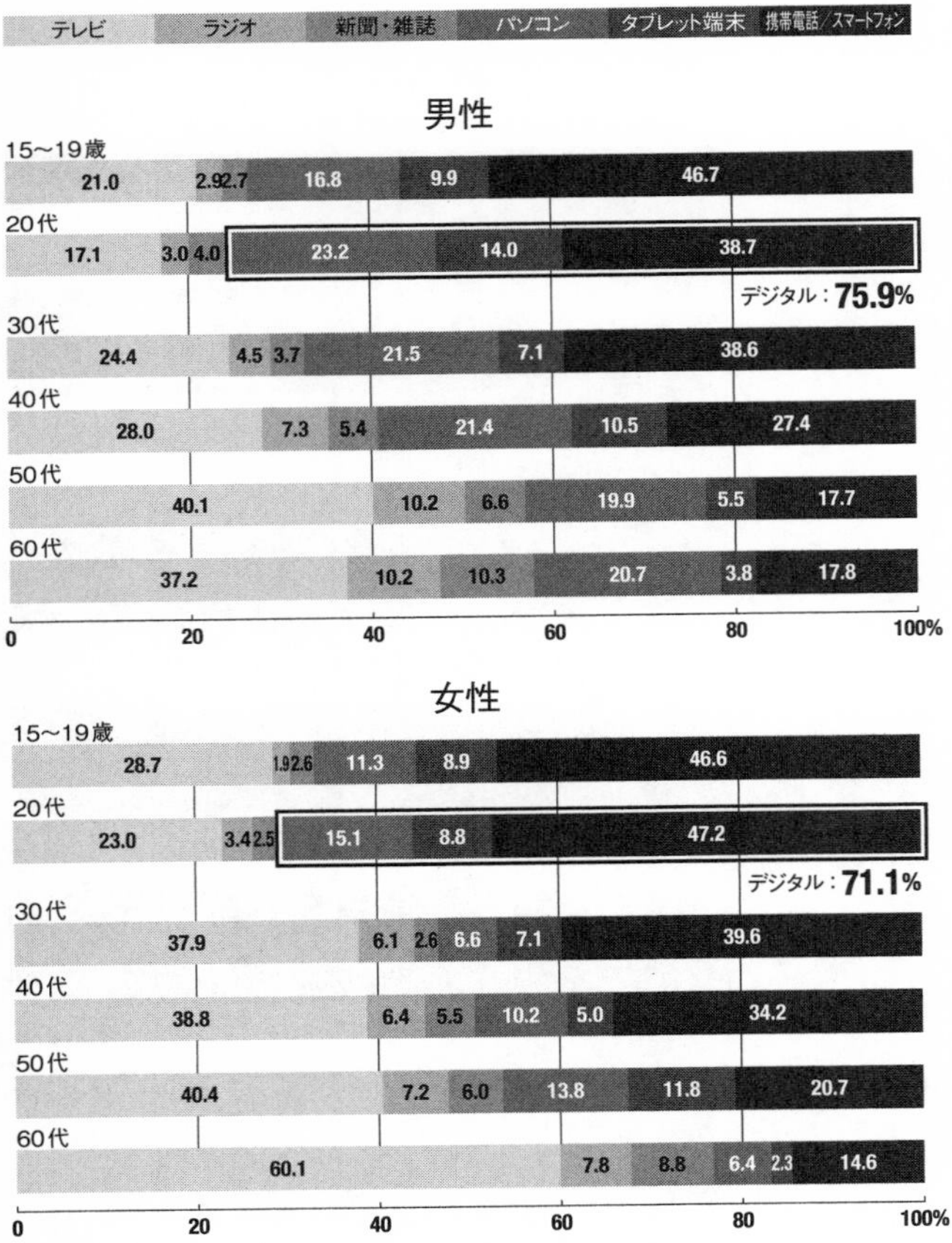

図9　性年代別メディア総接触時間の構成比（東京／2021年）

※図8とともに、博報堂DYメディアパートナーズメディア環境研究所
「Picky Audience ～始まったメディア生活の問い直し～」をもとに作成

触時間シェアは75・9%、20代女性は同71・1%である（**図9**）。

「制約からの解放」が行き着いた先

本書はこれまで、倍速視聴・10秒飛ばしという習慣がなぜ現代社会に出現したのかの理由と背景を、さまざまな角度から考察してきた。

その基底にあったのは、**①映像作品の供給過多**、**②現代人の多忙に端を発するコスパ（タイパ）志向**、**③セリフですべてを説明する映像作品が増えた**こと、この3点だった。

①の背景には、配信サービスをはじめとした映像供給メディアの多様化・増加があった。

②の背景には、SNSによって共感を強要され、周囲が見えすぎてしまうことで「個性がなければサバイブできない」と焦り、失敗を恐れる若者の気質があった。

③の背景には、SNSで〝バカでも言える感想〟が可視化されたことによる「わかりやすいもの」が求められる風潮の加速と、それに伴う視聴者のワガママ化があった。

これらの背景に共通しているのは、言うまでもなくインターネットという技術の発展と普及に他ならない。前項で述べたように、倍速視聴の技術的土壌が徐々に整っていったのだ。

振り返れば、人類の映像視聴史は常に技術の進化と並走してきた。

かつて映像作品とは、「上映時間に合わせ、映画館に行って観る」ものだった。それがTVの発明により、TV番組に限って言えば、わざわざ映画館に行かなくても映像を観られるようになった。

ただTV番組とて、放映されている時間に人間が合わせる必要はあった。それを解消したのが、ビデオデッキである。家庭用ビデオデッキの登場は1970年代後半、一般家庭に普及しはじめたのは1980年代半ば。これをもって人類は、映像作品を好きなタイミングで観られるようになっただけでなく、視聴体験を思い通りに〝制御〟できるようになった。任意のシーンで一時停止し、目当てのシーンまで早送りできるようになったのだ。

やがてビデオデッキの機能が充実していくと、「早送り中も音声が聞き取れる」を売りにする商品が登場する。それまでは再生中に早送りしても音声が消える、もしくは早送りスピードが速すぎて音声がさっぱり聞き取れないものが主流だったので、格段の進歩だ。時短視聴の誕生である。その機能は、1990年代後半以降に登場したDVDデッキや、2000年代初頭に飛躍的に普及したハードディスクレコーダーにも引き継がれた。

2000年代後半には動画配信サービスが登場。人類の映像視聴から物理メディアの流通

（主にＤＶＤレンタル）という煩わしさを排除し、やがて視聴に必要な対価を大幅に下げることにも成功した。その動画配信サービス各社は、２０１０年代後半以降に倍速視聴や10秒飛ばし機能を続々と実装しはじめる。

技術はいつの時代も、人間がより快適に生活を送るための手段として存在してきた。技術は人類不変の「楽をしたい」という希望を叶えてきたのだ。18世紀から19世紀に起こった産業革命にしろ、20世紀から21世紀に起こったＩＴ革命にしろ、その目的は人々が「楽になる」ことだった。

映像を観るという行為も、技術によってどんどん「楽」になった。第４章の快適主義も、ある種「楽」の追求である。その快適さを「不快な制約からの解放」と言い換えるならば、人類の映像視聴史は**図10**のようなチャートにまとめることができる。19世紀末、フランスのリュミエール兄弟によって、映像を有料で公開する世界初の映画館が誕生して以降、我々は１００余年をかけて映像視聴習慣における「場所的・時間的・物理的・金銭的制約」を取り払ったのだ。

19世紀末～
「映像」は映画館でしか観られない

▼

1950年代～
家庭のTVで観られる「場所的制約からの解放」

▼

1980年代～
VHSやDVDで観られる「時間的制約からの解放①」

▼

2000年代後半～
配信で観られる「物理的・金銭的制約からの解放」

▼

2010年代後半～
倍速視聴・10秒飛ばし機能の実装による
「時間的制約からの解放②」

図10　「制約からの解放」が行き着いた先としての倍速視聴・10秒飛ばし

かつて、倍速視聴にいちいち目くじらを立てる人がいた

映像を自分の思い通りの状態で「楽」に観るための改変行為、すなわち倍速視聴や10秒飛ばしという現代人の習慣は、文明進化の必然である。……といった言い切りには、まだまだ抵抗感をおぼえる人もいるだろう。作品は作者が発表した通りの形、「オリジナルの状態」で鑑賞すべきであると。

しかし、そもそも我々は多くの場合において、作品を厳密な意味での「オリジナルの状態」では鑑賞していない。

たとえば、映画館のスクリーンで観ることを前提に作られた映画をTVモニタで視聴する時点で、画面サイズは小さく、音響は貧弱になる。場合によっては画角（画面の縦横比）すら〝改変〟され、スクリーンでは画面端に見えていたものが見えなくなっていたりする。家庭用ビデオデッキの登場によって映画が映画館以外でも手軽に観られるようになったとき[*14]、「あんな小さな画面で映画を味わったとは言えない」と声高に叫んだ映画好きや映画人は相当数に上った。

映画文化に「他の見知らぬ観客と肩を並べ、暗闇で2時間の非日常を過ごす」という体験価値を見出す者にとっても、ビデオデッキによる映画鑑賞は到底認められるものではなかった。TVが置いてあるのは日常そのものである自宅の居間。トイレのたびに一時停止できる「ビデオ鑑賞」の体験は、真の映画体験とは似ても似つかない。

もっと言えば、自分が理解できない言語で作られた作品を、母国語など理解できる言語の字幕や吹き替えで観る場合、果たして「オリジナルを鑑賞している」と言い切れるだろうか？　ある言語のある表現を寸分たがわぬニュアンスで他言語に置き換えることが原理的にできない以上、字幕や吹き替えは「思い通りの状態で観るための改変行為」ではないのか。

こういう話はレコードが登場して間もない頃にもあった。日本における音楽評論の草分け的存在である大田黒元雄《おおたぐろもとお》は、大正期に日本でレコードの需要が急拡大した際、蓄音機で聴くレコード音楽は所詮「缶詰の音楽」だと斬り捨てた。[*15]　真の音楽鑑賞とは生演奏を聴くことを指すのであって、録音された音源を機械を通して聴くことを音楽鑑賞とは呼ばない。皿に載ったまともな料理には程遠い、だから「缶詰」なのだと。

ただ、このような「オリジナルからの改変行為」は、むしろ作品の供給側（映画製作会社など）が率先して行ってきたことを忘れてはならない。そのほうがビジネスチャンスは広がり、監督や俳優やスタッフらを含む制作陣がその経済的メリットを享受できるからだ。映画館で上映するだけでなく、ビデオグラム化（VHS、DVDなど）権、テレビ放映権、配信権などを販売したほうが、端的に言ってより大きく儲けられる。

配信メディア会社というだけでなく映画やドラマの製作会社でもあるNetflixやAmazonが、あるいは放送メディア会社というだけでなく番組製作会社でもあるTV局各社が、倍速視聴や10秒飛ばし機能を自社の配信サービス上に実装しているのもまた、「オリジナルではない形での鑑賞」の積極的な提案だ。なぜそんなことをするのか？　相応の数の顧客がそれを求めているからだ。その求めに応じたほうが、ビジネスチャンスが広がるからだ。

本書冒頭で筆者は、「テクスト論」すなわち「文章を作者の意図に支配されたものと見るのではなく、あくまでも文章それ自体として読むべきだとする思想」を倍速視聴に当てはめること（製作者が意図しない速度で観る行為）に、抵抗を示した。彼らの動機の大半が「時短」「効率化」「便利の追求」という、きわめて実利的な理由だったからだ。これは作品を（あるいはコンテンツを）鑑賞する（あるいは消費する）態度のいちバリエーションとは、到底言えないのではないか、と。

しかし、レコードやＶＨＳやＤＶＤは、「聴く／観るためにわざわざ家から出なくていい」「好きなタイミングで何度でも視聴できる」という、極めて実利的な特性によってその存在意義が支えられてきた。レコード会社や映画会社やＤＶＤメーカーも、ビジネスチャンスの拡大というこれ以上なく実利的な動機をもって、これを推進してきた。

すなわちレコードやＶＨＳやＤＶＤでの視聴も「実利的な目的のために、オリジナルの状態で鑑賞しないことを許容する」という意味において、倍速視聴や10秒飛ばしと〝同罪〟である。あるいは、もしそれらを罪とは考えず「作品鑑賞のいちバリエーション」と認めるならば、今度は倍速視聴や10秒飛ばしのほうも「作品鑑賞のいちバリエーション」と認めなければならないのではないか。

∴

我々の社会では、新しいメディアやデバイスが登場するたび、あるいはそれらの新しい使い方が見いだされるたび、大田黒のような〝良識的な旧来派〟が不快感を示すという歴史が繰り返されてきた。

後に「芸術」の属性を勝ち取った映画ですら、登場時は「芸術にはなりえない見世物」という扱いだったし、ラジオ放送が始まって数年は、それを聞かないことが教養ある人々の態度とされた。[*16] 日本初のＴＶ放送開始から４年後の１９５７年、昭和日本を代表するジャーナリストにして社会評論家の大宅壮一《おおやそういち》は、書物と違って受け身で眺めるＴＶは人の想像力や思考力を低下させる、要は「バカになる」という意味合いを込めて、「一億総白痴化《はくち》」という流行語を生み出している。[*17]

ＰＣやインターネットの登場時にも、この種の抵抗感・嫌悪感が〝良識的な旧来派〟からこぞって表明された。２０００年代初頭には、「ＷＥＢはまとまった長さの文章を精読するのに向いていない」と言って記事を全部プリントアウトして読む年配層がオフィスに一定数いたし、２０１０年頃ですら「ＰＣの小さな画面で観る映画など、観たうちに入らない」と不快感を示す映画好きがそこかしこにいた（さしずめ「缶詰の映画」とでも言おうか）。

また、本を読む方法としての「デジタルデバイスで閲覧する＝電子書籍」「朗読音声で聴く＝オーディオブック」が、これほどまでに出版社にとって無視できない売上になることを、電子書籍とオーディオブックそれぞれの登場時に予測できた者が一体どれほどいたか。むしろ「本を読む体験としては、本来の方法に著しく劣る」と、いずれに対してもケチをつけた

〝良識的な旧来派〟たる本好きは多かったはずだ。

新しい方法というやつはいつだって、出現からしばらくは風当たりが強い。

目下のところ、倍速視聴や10秒飛ばしという新しい方法を手放しで許容する作り手は多数派ではない。〝良識的な旧来派〟からは非難轟々《ひなんごうごう》である。

しかし、自宅でレコードを聴いたり映画をビデオソフトで観たりといった「オリジナルではない形での鑑賞」を、ビジネスチャンスの拡大という大義に後押しされて多くのアーティストや監督が許容したのと同様に、倍速視聴や10秒飛ばしという視聴習慣も、いずれ多くの作り手に許容される日が来るのかもしれない。

我々は、「昔は、レコードなんて本物の音楽を聴いたうちに入らないって目くじらを立てる人がいたんだって」と笑う。しかしそう遠くない未来、我々は笑われる側に回るのかもしれない。

「昔は、倍速視聴にいちいち目くじらを立てる人がいたんだって」

＊1　ジグムント・バウマン『リキッド・モダニティ　液状化する社会』森田典正訳、大月書店、２００１年
＊2　kubotalab.com（久保田進彦氏ウェブサイト）
＊3　同前
＊4　久保田進彦「デジタル社会におけるブランド戦略―リキッド消費に基づく提案―」、マーケティングジャーナル、２０２０年39巻3号
＊5　同前
＊6　kubotalab.com（久保田進彦氏ウェブサイト）より「リキッド消費は実務家に対しても『ファンではない消費者とどうつき合うか』という問いかけをする」
＊7　日本ではクリス・アンダーソン『フリー〈無料〉からお金を生みだす新戦略』（小林弘人監修、高橋則明訳、ＮＨＫ出版、２００９年）で広く知られるようになった。
＊8　本項の論点抽出にあたっては以下の記事を参考にした。『ツタヤとは正反対』なぜアマゾンプライムは〝新作無料、旧作有料〟なのか」PREDIDENT Online、２０２１年6月2日
＊9　Randy Olson, "Movies aren't actually much longer than they used to be"
＊10　平均月収に占めるｉＰｈｏｎｅ 12 Ｐｒｏ Ｍａｘの価格を日米で比較すると、日本では平均月収の約45％も占めるが、米国は約25％にすぎない（「世界一律価格、日本に押し寄せる　ネトフリ13％値上げ　安いニッポン・ガラパゴスの転機（1）」日本経済新聞、２０２１年6月22日）。
＊11　文章も短くなければ読まれない。筆者の実体験では、一般的な商業ＷＥＢ媒体におけるコラム文字

数の望ましい上限は4000字、原稿用紙10枚程度。適量は2000〜3000字、1000〜1500字程度を求める媒体も少なくない。1000字では文章に細工など施しようもなく、最短距離で結論だけを書く必要がある。ここ20、30年で「多くの人に読まれる文章」の長さは、劇的に短くなった。映像コンテンツと同じく、インターネットの登場により無料で読める文章の物量が爆発的に増えたからだ。

＊12 Amazonが提供するライブストリーミング配信プラットフォーム。

＊13 2020年9月からNHK Eテレで放映中（2022年2月現在）。原作は児童向け小説で、2021年8月時点で累計350万部（当時の既刊15巻まで）を売り上げる大ヒットシリーズである。SNSでも話題になるなど、子供たちだけでなく親世代にも人気。

＊14 その前段階として、1960年代後半からは劇場用映画がTVで定期的に放送されるようになった。

＊15 「結局蓄音機の音楽といふものがかん詰の音楽であるから、そこにあらはれた風味を以て真の風味を断定してはならないといふことである」（報知新聞、1924年2月14日）。

＊16 日本放送協会・編『20世紀放送史 上』日本放送出版協会、2001年

＊17 「テレビに至っては、紙芝居同様、否、紙芝居以下の白痴番組が毎日ずらりと列んでいる。ラジオ、テレビという最も進歩したマスコミ機関によって、『一億白痴化運動』が展開されているといっても好い」（「週刊東京」1957年2月2日号「言いたい放題」）。

おわりに

本書は、２０２１年３月29日にビジネスサイト「現代ビジネス」に筆者が執筆した『映画を早送りで観る人たち』の出現が示す、恐ろしい未来」、および同年６月、12月に続編として執筆した計９本の記事を元にしている。

ただし書籍化にあたっては論旨の補強と事例の採集のため、多くの追加取材を敢行。全面的な加筆・改稿を施し、その上で第１章と第５章をまるまる書き下ろした。結果、ボリュームは元原稿の４倍近くとなっている。

倍速視聴や10秒飛ばしが意外に多くの人の習慣となっている事実に気づいたのは、２０２０年半ば頃だ。新型コロナウイルスの感染拡大が深刻化する中、自宅で楽しめる数少ない娯楽である定額制動画配信サービスの需要が急拡大。筆者友人周りのFacebook投稿でさまざまな配信ドラマの話題が盛り上がる中、「早送りやスキップを駆使して観ている」人が視界に入り始めたのだ。

このことは、かねて自分の中で問題意識を持っていた、「映像作品が〝コンテンツ〟と呼ばれる違和感」と結びつき、数ヶ月かけて樽の中の味噌のように自然醸成された結果、1本目の記事の形で結実した。

記事の反響は非常に大きなものだった。

映像業界関係者、さまざまなジャンルのクリエイター、生真面目な映画ファンは、「よくぞ言ってくれた」と溜飲を下げた。その一方、興味深い異論や刺激的な反論、あるいは感情的な罵詈《ばり》雑言《ぞうごん》も山のように届いた。個人ブログで記事が引用されたり、ぶら下がり的なアンサー記事が何本か書かれたりもした。

記事は地上波TV番組で2度取り上げられ、本文で記したように筆者は「ABEMA Prime」に出演。週刊誌から取材を受け、ラジオ番組にも出演してコメントした。ワイドショーが倍速視聴を特集したり、ラジオのパーソナリティがトークで話題にしたり、という話も頻繁に耳にした。

百家争鳴《ひゃっかそうめい》。多くの人たちが長らく抱いていたモヤモヤを、記事が論点化・言語化したことで、皆が一斉に語りだしたのだ。ある作り手にはこう言われた。「地雷を踏み抜いちゃったね」。パンドラの箱を開けた気分だった。

「中年世代の若者批判だ」と揶揄《やゆ》する声も一部で見受けられた。しかし本書を読み通された方ならおわかりのように、その謂は正確ではない。

まず、倍速視聴は若者に多い習慣ではあるが、若者だけの習慣ではない。

さらに、倍速視聴は筆者が同意しかねる習慣ではあるものの、そこにネガティブキャンペーンを張りたかったわけではない。現象を俎上に載せ、論点を可視化することで、議論のゴングを鳴らしたかった。

倍速視聴について調査をすればするほど、考察を深めれば深めるほど、この習慣そのものはたまたま地表に表出した現象のひとつにすぎず、地中にはとんでもなく広い範囲で「根」が張られていると確信した。その根は国境を越えて延び、異国の地ではまったく別の花や果実として地表に顔を出している。すなわち、一見してまったく別種の現象に思える現象同士(倍速視聴―説明過多作品の増加―日本経済の停滞―インターネットの発達、等)が、実は同じ根で繋がっている。そのような根を無節操に蔓延《はびこ》らせた土壌とは、一体どのようなものなのか。それが本書で明らかにしたかったことだ。

9本のウェブ記事をベースに書籍として構成するにあたり、倍速視聴が現代社会の何を表していて、創作行為のどんな本質を浮き彫りにするのかを、突き詰めて考えることにした。その意味で本書は、「消費」と「鑑賞」の視点を行き来しながら綴るメディア論であり、コミュニケーション論であり、世代論であり、創作論であり、文化論である。

本書は、多くの方々のお力添えによって完成した。

編集者の辻枝里氏。筆者が唐突にメッセンジャーで送ったアイデアに興味を示し、「現代ビジネス」への記事掲載を即決。1本目がバズったあと、筆者の「あと6本書きたい」という無理を聞き入れてくれたばかりか、青山学院大学での講義後にはさらに2本の記事執筆を勧めてくれた。本企画の大恩人である。

博報堂DYメディアパートナーズ メディア環境研究所の森永真弓氏。倍速視聴習慣と若者の価値観との実証的接続は、彼女への取材と膨大なディスカッションなくしてはありえなかった。そこから得たヒントや着想は、本文の微細にわたり深く埋め込まれている。

脚本家・佐藤大氏。ジャンル間を自在に横断する博覧強記ぶりと鋭い分析眼は、「オープンワールド化する脚本」というパワーワードに結実した。筆者は大さん（といつも呼んでいる）と、「団地団」というトークユニットで10年以上ご一緒させてもらっている。倍速視聴に関わる作品論、脚本論、創作論は団地団でも頻繁に話されるテーマ。すなわち本書のアプローチは「団地団で今までずっと話し続けてきたこと」でもある。

脚本家・小林雄次氏には、「早送りされる側」の赤裸々な心情を語っていただいた。彼が集めてくれた日本大学芸術学部の学生やオンラインサロンメンバーの声には、作り手と観客のちょうど中間に位置する脚本家の卵が多く含まれており、唯一無二の貴重なサンプルとなっている。

ジェンコ・真木太郎氏。長年にわたりアニメ業界の一線で活躍してこられた経験と確かな実績。それに裏打ちされた発言の説得力は、他の誰よりも大きかった。なお、本書でヒアリングした最年少の方と真木氏との間には、実に半世紀分もの年齢差がある。

ゆめめ氏。Z世代の当事者にして、冷静な分析者。自身の視聴スタイルとその根拠・動機を的確に言語化してくれた。プロのリサーチャーらしい確かな客観目線と、若者文化に対する深い理解と知見。彼女がいなければ、倍速視聴者の行動原理をここまで掘り下げて考察することはできなかっただろう。

青山学院大学・久保田進彦教授には、倍速視聴とリキッド消費の共通性を指摘していただいた。倍速視聴をマーケティング理論の観点から理解・検証するにあたり、リキッド消費を嚙み砕いて解説する氏の論文は、第5章前半の骨子になっている。同大学で倍速視聴実態調査を行うことができたのも、氏の尽力のおかげだ。

筆者が年一でゲスト講師を務める産業能率大学・柴田匡啓教授と小田実教授には、学生のグループインタビューを募集・セッティングしていただいた。夏休み中にもかかわらず大学の教室を開放、大学への許可取りや学生への連絡などを一手に引き受けてくださった。

倍速視聴体験を聞かせてくれたたくさんの方々にも、多大なる感謝を。長時間にわたるしつこい質問攻めは煩わしかったかもしれないが、筆者としてはどのグループインタビューもデプスインタビューも、大いに楽しませてもらった。

書籍化を決めていただいた光文社新書編集部・副編集長の田頭晃氏にも、この場を借りて感謝を伝えたい。辛辣で的確な指摘と緻密なアドバイスのおかげで、本書は完成に至った。実は、原稿の引き上げを覚悟するほど執筆に悩んだ時期もあったが、それを留まらせたのは、ひとえに氏の熱意に尽きる。

なお本書には、発言引用の形はとっていないものの、取材者との対話や周囲の友人たちとの雑談をヒントに得た着想、気づき、キーワードを地の文に採用している箇所も多々あることを、ここに付記しておく。

本書執筆中、取材相手や打ち合わせ相手にたびたび、「インターネットは人類をぜんぜん幸福にしませんでしたね……」などと、幼稚で短絡的にいじける自分がいた。倍速視聴の背景にある定額制動画配信サービスの作品供給過多も、LINEの共感強制力も、他人の芝生が青く見えてしまうSNSの仕様も、ネット警察の存在も、あらゆる〝答え〟が最短・最速・実質無料で手に入ってしまう環境も、全部インターネットが提供したものではないか、と。

つまるところ倍速視聴は、時代の必然とでも呼ぶべきものだった。人々の欲求がインターネットをはじめとした技術を進化させ、技術進化が人々の生活様式を変化させる。その途上で生まれた倍速視聴・10秒飛ばしという習慣は、「なるべく少ない原資で利潤を最大化する」ことが推奨される資本主義経済下において、ほぼ絶対正義たりうる条件を満たしていたからだ。

本書序章の最後で筆者は、「同意はできないかもしれないが、納得はしたい。理解はしたい」と記した。たしかに、多くの人が倍速視聴せざるをえない背景には納得した。倍速視聴がどのようにして必然を獲得したかも理解した。ただ、それでもやはり思うのだ。

映画を早送りで観るなんて、一体どういうことなのだろう？

生後三ヶ月の息子の隣で
稲田豊史

二〇二二年二月

初出一覧（すべて拙稿、「現代ビジネス」に掲載）

・「映画を早送りで観る人たち」の出現が示す、恐ろしい未来（２０２１年3月29日）
・説明過多の時代 前編 映画やドラマを観て「わかんなかった」という感想が増えた理由（２０２１年６月３日）
・説明過多の時代 後編 『逃げ恥』『シン・エヴァ』…「リテラシーが低い人を差別しない」作品が時代を制する（２０２１年6月３日）
・個性的でなければ戦えない「オタク」になりたい若者たち。倍速でも映画やドラマの「本数をこなす」理由（２０２１年6月7日）
・若者の「タイパ至上主義」失敗したくない若者たち。映画も倍速試聴する「タイパ至上主義」の裏にあるもの（２０２１年6月12日）
・好きなものをけなされたくない人たち 前編 若者のあいだで「批評」と「スポーツ観戦」が不人気な理由（２０２１年6月22日）
・好きなものをけなされたくない人たち 後編 「インターネット＝社会」若者の間で広がる「セカイ系」の世界観（２０２１年6月22日）
・『鬼滅の刃』『イカゲーム』も早送り…大学生が「倍速視聴」をする理由（２０２１年12月30日）

・「なるべく感情を使いたくない」映画やドラマを「倍速視聴」する大学生の本音（２０２１年12月30日）

取材・アンケート協力／順不同

森下真帆／尾沢諒／石原未來／細川恵菜／田部井健大／茂木共／森田勘之／齋藤寛也／坂本海期
陳質文／山澤紀香
青山学院大学「多様化するメディア」（久保田進彦教授）受講者の皆様
日本大学芸術学部　映画学科　映像表現・理論コース　シナリオ専攻の皆様
小林雄次　オンラインサロン「シナリオランド」メンバーの皆様
ほか、多数の匿名ヒアリング協力者の皆様

協力

辻枝里
講談社「現代ビジネス」編集部

稲田豊史（いなだとよし）
1974年、愛知県生まれ。ライター、コラムニスト、編集者。横浜国立大学経済学部卒業後、映画配給会社のギャガ・コミュニケーションズ（現ギャガ）に入社。その後、キネマ旬報社でDVD業界誌の編集長、書籍編集者を経て、2013年に独立。著書に『セーラームーン世代の社会論』（すばる舎リンケージ）、『ドラがたり のび太系男子と藤子・F・不二雄の時代』（PLANETS）、『ぼくたちの離婚』（角川新書）、『「こち亀」社会論　超一級の文化史料を読み解く』（イースト・プレス）。近著に『オトメゴコロスタディーズ フィクションから学ぶ現代女子事情』（サイゾー）がある。

映画《えいが》を早送《はやおく》りで観《み》る人《ひと》たち
ファスト映画《えいが》・ネタバレ――コンテンツ消費《しょうひ》の現在形《げんざいけい》

2022年4月30日初版1刷発行
2023年3月5日　　11刷発行

著　者 ―― 稲田豊史
発行者 ―― 三宅貴久
装　幀 ―― アラン・チャン
印刷所 ―― 萩原印刷
製本所 ―― 国宝社
発行所 ―― 株式会社光文社
東京都文京区音羽1-16-6（〒112-8011）
https://www.kobunsha.com/
電　話 ―― 編集部03(5395)8289　書籍販売部03(5395)8116
業務部03(5395)8125
メール ―― sinsyo@kobunsha.com

 ISBN 978-4-334-04600-2